俄罗斯与中国：
共建新世界

[俄罗斯] 谢尔盖·根纳季耶维奇·卢贾宁　著

万青松　崔珩　译

Россия–
Китай:
формирование
обновленного мира

人民出版社

致中国读者

　　亲爱的中国朋友，展现在您们面前的不只是一本关于俄中关系的著作，也是一项研究，其中首次以学术著作的形式详细研究一些问题：俄罗斯与中国如何对世界和平产生积极影响？两国在促成新的趋势（如应对混乱、不稳定以及一些国家依靠其他国家发展的单方面性与企图）形成方面扮演何种角色？我试图在本书中回答所有这些和其他当前最迫切的问题。

　　当代世界是多样且复杂的。遗憾的是，近期世界的不安宁和冲突局势逐渐加剧。美国企图迫使俄罗斯和中国接受其在经济、政治和安全领域的游戏规则。包括联合国各机制和国际法各项制度在内的全球治理体系，已经不那么有效，有时完全不能应对不断增多的挑战。美国施压下的经济全球化和开放，正变成美国广泛的保护主义与封闭。

当前，俄罗斯与中国构成世界稳定与发展的因素。两国合作议程涵盖当代世界发展的最重要和最关键的问题，包括反对保护主义、打击国际恐怖主义，主张发展平等关系和不干涉内政。

在这些条件下，俄中两国试图革新全球结构，使其对共同发展和稳定更加平稳与有效。莫斯科和北京完全不想摧毁当前这个世界并打造新世界，而是希望这个世界在迈向现代化、巩固信任和开放的道路上更加美好。重要的是，两个国家在世界所有地区（拉丁美洲、非洲、中东、中亚、朝鲜半岛、南亚）都是协调一致行动，并为共赢和共同安全创造新机遇。

欧亚地区在俄中合作中占据中心位置。这一宏大空间内，中国的"一带一路"建议大规模开展起来，欧亚经济联盟的活动范围得以拓展，这两个区域合作方案的复杂、多层次的对接进程正在形成之中。欧亚地区是俄中的"大世界"，不会对任何人构成威胁，也不会针对谁，但希望按照本地区的规律发展，同时基于自身的利益考量，且没有域外国家发号施令。

俄罗斯总统赴北京出席第二届"一带一路"国际合作高峰论坛，习近平主席也将赴俄罗斯出席圣彼得堡国际经济论坛，证明了两国领导人和两大文明之间高水平的战略伙伴关系和互相信任。2019 年对俄中两国人民而言是一个纪念年。北京和莫斯科将会庆祝两大周年纪念：中华人民共和国成立 70 周年和俄中建交 70 周年。我们相信，纪念年将会在合作与伙伴关系领域带来我们新的共同的合作胜利。

我们希望，这项研究不仅有益于对复杂国际问题的理解，而且也能让两国高校师生、科研人员，以及所有关心当代世界政治、俄罗斯和俄中关系的读者们感兴趣。

谢尔盖·根纳季耶维奇·卢贾宁

2019 年 3 月 14 日于莫斯科

目　录

致中国读者..1

原书序言　俄罗斯与中国：促进和平、稳定与发展的伙伴关系....1

前　言..1

第一章　大趋势：当代国际进程中的俄罗斯和中国.....................1

　　一、中国对国际政治历史与现实的认知 1

　　二、中国与全球治理机制 14

　　三、保障国家安全的中国观 29

　　四、中国与"软实力"政策 39

　　五、结论与建议 48

第二章　中国─俄罗斯─西方：世界地缘政治的中心 51

　　一、中国与美国：相互依赖与竞争...............................51

　　二、"旧欧洲"与崛起的中国 62

三、中国与俄罗斯：战略稳定的优势 69

四、结论与建议 97

第三章 俄中视域下的地区向度 103

一、俄罗斯与中国的欧亚议程 103

二、上海合作组织：俄中两国的协作领域 135

三、中亚地区的俄罗斯与中国 143

四、俄中视域下的中东、非洲和拉丁美洲 164

五、俄罗斯视域下的中国、印度、巴基斯坦：机遇与

挑战 178

六、东亚的俄罗斯和中国：安全与合作向度 185

七、结论与建议 208

结　语 215

俄罗斯与中国：
促进和平、稳定与发展的伙伴关系

当前，俄中战略协作伙伴关系处于历史最高水平，已然成为巩固全球和地区稳定的重要因素。

由知名东方学家、俄罗斯科学院远东研究所所长卢贾宁教授撰写的专著，对与俄中合作相关的一系列当代国际政治问题，包括改革全球治理机制、发展欧亚一体化和基础设施项目、打击恐怖主义和极端主义，进行了深入的学术研究。

作者也尝试考察与构建多中心世界相关的全球进程，中东、中亚、东北亚、东南亚等地区性问题，以及俄中不断增长的全球作用及其对当代国际政治的影响力。

俄中两个大国，正是在普京总统与习近平主席强有力的领导下，以维护自身独立发展、公正和本国利益的现实强国身份，回归世界政治舞台。

与此同时，俄罗斯与中国并没有结为军事政治联盟，而是在战略伙伴关系框架内，通过推动上海合作组织和金砖国家机制扩员、强化欧亚经济联盟建设和启动"一带一路"对接进程，来构建欧亚地区的"非美国世界"（大欧亚伙伴关系）。就如作者指出的那样，未来可能会出现基于平等、互利基础之上的、有异于西方化的"欧亚版"全球化。

重要的是，本书包含了一系列优化俄罗斯俄中双边和多边合作政策的具体结论和建议。

两国间形成的长期"战略稳定"，具有巨大的坚固的后备、机遇和优势。

毫无疑问，本书将会得到从事俄中关系研究的专家学者们的关注，也将会引起高校大学生、研究生、教师，以及对当代国际关系和俄中两大文明发展前景感兴趣的所有人士的关注。

尼科诺夫

俄罗斯联邦国家杜马教育与科学委员会主席、历史学博士亲贤臣，远小人，此先汉所以兴隆也；

亲小人，远贤臣，此后汉所以倾颓也。

——中国三国时期思想家、政治家、战略家诸葛亮

前　言

　　在受新技术和新理念潮流影响的 21 世纪，人类社会正面临一系列综合性挑战。这些挑战既有会导致第二次世界大战后构建的国际关系结构发生变化的危险，也存在改变或摧毁构成世界秩序的基本价值和原则的风险，涉及国际法、全球治理机制与限制和遏制战略武器等领域。

　　形象地讲，以前的世界已不被信任、相互怨愤和过多的奢望所撕碎。国际政治越来越多地变成有关善与恶、有关对民众与各个大陆管理手段的主观评论对象，并充斥着恐惧、疑虑的气氛，个别情况下还表现为极度的虚无。大家都知道，美国每年不断强化对俄罗斯的经济施压（制裁状态），并渗透到俄罗斯的政治、信息、体育、文化等领域，试图惩罚俄罗斯独立于美国标准之外的自主发展。

1

新的对抗的危险性和不可预见性目前与全球和地区矛盾的全新的
性质（区别于冷战时期）有着紧密的联系。"苏—美"两极格局下的
两种对立的体系是相对独立并存的，基本上也是互相封闭和相对自给
自足的，且依照各自的经济、意识形态规律运行。那时两种对立体系
之间的相互作用，从冲突的角度来看，或多或少是可以理解的和可
控的。

当下的对抗则是在全球化影响造成的经济深度相互依赖的背景
下，在各方身处的同一个"平面"里发生的。与此同时，从经济、信
息、数字技术到文化、体育、艺术等所有领域都展开激烈的角逐，并
迅速席卷不同形式的区域化的矛盾进程。地区主义不同模式的形成，
以及推进区域化进程中产生的客观矛盾，应当属于我们的重点关注范
畴，但显然当前的研究不足。诚如俄罗斯科学院普里马科夫世界经济
与国际关系研究所主席邓金院士所指出的那样："……区域化框架内，
作为全球化阶段之一的结构型地区主义与封闭型地区主义存在着差
异，其中，封闭型地区主义表现为其载体试图有针对性地自绝于不期
望的全球进程之外，或者最大限度地推迟可能与全球进程带来的诸多
挑战之间发生冲撞的时间。"①

大多数俄罗斯政治学者的共识是，当前正在形成相互矛盾的双
重全球架构：一方面，社会发展步伐加快，传统价值观遭受逆变，社
会政治关系虚拟化，一些国家出现新的政治权力与治理模式；另一方
面，世界多中心化进程正在发力，全球领导体制面临危机，世界发展

① Мир—2035. Глобальный прогноз/под ред. акад. РАН А.А. Дынкина. М.:ИМЭМО им. Е.М. Примакова РАН, 2017. С. 33.

2

中心开始向新兴领导国（中国）转移。这些都发生在移民潮全球化的背景之下。

对俄罗斯而言，在遭受西方制裁、综合潜力相对下降（与苏联相比）和其他消极因素的影响下，目前与西方主要强国的对抗进行得并不容易。然而，一些西方政客和专家关于俄罗斯经济、政治垮台的预测并没有成为现实。相反，经过 20 世纪 90 年代初的幻想与失误阶段，俄罗斯以真正意义上的独立自主大国回归世界政治舞台，并在欧亚、中东、东亚、中亚和其他周边地区都拥有巨大影响力。某种意义上而言，2014—2017 年，俄罗斯以区别于帝国和苏联时期的方式重返"大中东"，将自己定位为全球大国，致力于维护和平与稳定、打击恐怖主义、构建基于互相尊重每个世界政治行为体价值观和优先发展方向的新型国际关系。①

崛起的中国也通过类似的路径推动国际关系变革，并且成功地融入当代世界经济体系，逐年缩短与美国在经济实力上的差距。2017年 10 月 18—24 日，在北京召开的中国共产党第十九次全国代表大会，对国际舆论、专家和重量级政治家都产生了深刻影响。中共中央总书记习近平的报告表明，中国努力巩固市场经济和推动世界贸易自由化的政策取向不会改变。对包括俄罗斯在内的外部世界而言，这份报告传递出一个重要信号，即中国领导人继续将改革开放政策置于首位。中共十九大报告还确立了"一带一路"倡议在促进中国对外开放过程

---

① 笔者早在 2007 年就预测过俄罗斯"重回东方"，详见 Лузянин С.Г. Восточная политика Владимира Путина. Возвращение России на Большой Восток. М.: Восток–Запад: АСТ, 2007。

中的关键性作用，这为俄中两国在推进欧亚一体化进程中，对接两国利益创造了新的前景。

中共第十九次全国代表大会召开后产生的新一届领导集体，一方面，体现出传统的延续性原则，即中华人民共和国主席、中共中央总书记习近平和中华人民共和国国务院总理李克强分别连任政治局的原有职位；另一方面，按照中国共产党党内干部定期轮换实践，增选五名新任政治局常务委员会委员。对俄中关系发展而言，曾长期参与推动俄中合作的中国领导人当选政治局常委，显得尤为重要。其中一位新当选政治局常委的栗战书，曾在 2007—2010 年任黑龙江省省长期间，推动中国的这个边境省份与西伯利亚和远东地区发展合作。另一位新当选政治局常委汪洋，从 2013 年 3 月起担任中华人民共和国国务院副总理，积极推动俄中关系发展，包括参与俄中政府首脑定期会晤筹备委员会的各项工作。

2018 年 3 月 5—20 日，第十三届全国人民代表大会第一次会议在北京召开，习近平连任中华人民共和国国家主席，李克强再次当选国务院总理。中共十九大提出的对外政策，也体现在以经济问题为主的政府工作报告中。中国领导人认为，本国外交的优先方向是推动构建新型国际关系、积极参与改革和完善全球治理体系。

中国人大代表审议并通过了宪法修正案，包括取消对中国国家主席任期的限制，这表明习近平可能在 2023 年第三次连任国家主席。这也说明，习近平思想将在其未来 5 年任期和更长时间内对中国发展产生决定性影响。修改后的宪法补充了习近平关于"中华民族伟大复兴"的思想，彰显了中国国际影响力的增长和新的全球定位。

　　人类命运共同体和互利合作与开放战略也写入中国宪法。这些理念构成习近平推动"一带一路"倡议的基础，深化着新形势下中国的和平与发展构想，而当前国际局势的复杂变化，进一步要求就改革现行世界秩序体系提出新理念。

　　2017 年 12 月，美国总统唐纳德·特朗普在公布的《国家安全战略报告》中提出，中国和俄罗斯挑战美国的实力、影响力和利益，并试图损害美国的安全与繁荣。美国认为俄中打算削弱经济的自由度和诚信度，增强军事力量，管控信息和数据传播，旨在压制两国社会，并增强自身的影响力。

　　显而易见，2018 年，美国及其盟友与中国和俄罗斯之间的战略对抗，已经上升到公开相互遏制和"冷斗"的新高度，涵盖军事、政治、经济和意识形态等领域。俄罗斯与中国不得不准备多样化的方案，应对美国不断施压带来的挑战。两国有意识地保持不结盟关系的同时，不断从质的方面拓展合作议题，已涵盖全球与地区进程的所有新领域和新层次，包括在"热"点地区的反恐，在联合国安理会框架内就所有重大现实问题开展的紧密协作，推动金砖国家、上海合作组织框架内的各种合作项目和倡议，以及推进"一带一路"与欧亚经济联盟在欧亚大陆的对接合作等。

　　俄中保持不结盟关系，有助于两国以灵活、合法的方式，对不断强化的国际关系民主化趋势施加影响，并维持传统影响力（联合国安理会五大常任理事国拥有否决权），同时改革和构建新的机制和方案，致力于深化多中心化趋势和遏制美国及其盟友蛮横的单边政策。

　　俄中伙伴关系包含其他国家不具备的四大优势：第一，每方拥有发展与第三国关系的充分自由，并不会相互指责其中一方破坏某些义务；第二，尽管双方不是盟友关系，但是俄中关系的强度、信任度、深度与效力，很大程度上已经超越事实上的同盟关系；第三，按其潜力，这一关系模式理论上能够扮演独立的地缘政治力量的角色，并能够遏制住潜在对手；第四，俄中关系除发挥双边关系功能外，还能够将其调整到适用于应对（解决）任何全球和地区局势（任务），同时还保持着决策高效、战术灵活和战略稳定的特点。可以说，"战略稳定"是当代俄中关系长远发展的关键范畴。

向读者呈现的这本书，其目的不仅仅是尝试分析国际关系中的全球和地区问题，还将从质的方面挖掘俄中战略伙伴关系影响当代世界及其转型、重构的新维度，同时找出两国对当代和未来世界发展看法的契合点或不同之处，特别是在挑战和威胁不断增多、国际政治"断层"和各国相互矛盾不断激化的背景下。

本书是在近几年俄罗斯科学院远东研究所同事对东亚问题（包括中国、日本、韩国、越南、上海合作组织、东盟和其他研究方向）进行深入研究的基础上完成的，相关的研究涉及中国内政及其政治、经济和法律体系转型，包括对 2017 年 10 月召开的中共十九大会议的总结和分析。

俄罗斯科学院远东研究所在研究中国近现代史方面取得丰硕成果。本所专家学者倡议并参与编写了迄今世界唯一一套十卷本《中国通史：从远古时期到 21 世纪初》。2016—2017 年，这套丛书的最后两卷出版发行，本所组织并召开了面向国内外社会各界的丛书发布会。同样重要的工作在进一步筹备新书《俄中关系》的过程中进行着，全部完成之后，这将是一部在内容的完整性上独一无二的俄中关系 400 年历史文件多卷本汇编。

　　我们还将研究当代中国的经济形势及其前景、产业和地方结构，将其视为一项特别的工作任务。目前，本所正就中国在世界经济中的地位和作用、与俄罗斯相关的中国倡议，包括"一带一路"建设进行分析。因此，对俄中双边经济关系（包括贸易、投资、工业生产、地方和边境等合作领域）的整体性研究，成为俄罗斯学术界常态化跟踪研究的主要对象。

　　俄罗斯科学院远东研究所正加大对俄中关系的研究和预测，以及对当前、近期和远期中国对外政策的研究，且逐渐成为本所的重大研究任务之一。以下优先方向一直是我们关注的重点：剖析中国对外政策的历史和当前特征，在此基础上分析当代俄中关系中的离心力和向心力的演变趋势；比较分析发展俄中关系的机遇和潜力，以及挑战和风险；就当前和长时段内俄罗斯对中国的外交政策提出政策建议。与此同时，两国人民在睦邻、合作、妥善解决问题、维护外部环境和平等方面都拥有共同的根本利益，它们构成当代俄中关系发展的指向标。

　　本所专家学者继续把围绕国际政治问题开展相互协作视为俄中关系课题中的单独研究对象，包括双边层面（俄罗斯"大欧亚伙伴关系"倡议对接中国"一带一路"倡议）和多边层面（联合国、二十国集团、金砖国家和上海合作组织）的相互协作。多年来，俄罗斯科学院远东研究所代表俄方专家积极参加每年（包括 2017—2018 年）举办的"二轨"学术会议与实践活动，包括当前的"俄印中"和"俄中蒙"三方国家间互相协作。2017 年，本所出版的重大研究成果中，就有年度文集《世界与地区政治中的中国》，以及有关俄中关系问题与前景的集体研究著作。

本所将继续研究中国文化和文明特征，并将其作为构建当代中国社会的精神和知识纽带开展研究。我们还努力找出自然与社会类型意义上的新一代中国人的当代特征，特别是他们浸润于数千年历史和深受儒教、道教、法家、佛教世界观体系的影响之中的特征。而当下他们则以"中国特色社会主义"和"中华民族伟大复兴"理念为指导。

俄罗斯科学院远东研究所作为东方学研究的综合性机构，还对整体性的地区问题展开研究。其中，2016—2018 年的一系列专项研究中，对东北亚和上海合作组织所在区域的政治、经济、军事安全进行了多角度分析，也包括对上海合作组织的潜力和前景的研判。本所还重点关注东北亚地区安全体系的构建问题，尤其是朝鲜半岛面临军事政治危机所带来的现实问题，以及地区反恐问题，包括动员上海合作组织成员国武装力量参与地区反恐的可能性，同时确保各方之间开展应有的相互协作。此外，按照《上海合作组织至 2025 年发展战略》中确立的任务，研究在东北亚和中亚地区深化双边和多边层面合作的路径也是一项迫切的任务。

本所的日本问题研究主要聚焦该国的外交和经济战略，以及日本在地区安全体系中的作用。这些课题主要放在维护俄罗斯亚太利益的背景下展开。此外，还特别关注俄日在政治、贸易、经济领域的互相协作问题，包括日方所谓的"北方领土"，以及签署和平条约的前景问题。

本所朝韩问题专家围绕朝鲜半岛核危机和其他问题开展专业研究，也非常重要，且具有较好前景。同事们不仅分析朝鲜半岛局势、半岛双方媒体传播差异的原因，还研究俄罗斯与地区相关国家开展有效协作、阻止危险升级和恢复谈判进程的战略。我们还会继续研究韩国和朝鲜社会经济发展趋势，包括俄罗斯与朝韩开展合作的可能性，韩国创新经济发展的经验，以及遭受制裁下的朝鲜经济积极向好变化的趋势。远东研究所在上述各研究方向开展的重要研究成果有助于未来继续有效开展朝韩问题研究。

2017 年，远东研究所有十年历史的越南学研究中心也积极开展越南内政外交研究：内政方面涵盖经济、越共路线方针、国防和安全、科学和文化等课题；外交则关注越南与俄罗斯的战略伙伴关系前景，越南与中国、美国、日本、东南亚国家和欧盟的相互关系等，尤其关注中国南海的领土争议问题。还有诸如越南与域内外国家构建自贸区，与东盟打造统一经济空间等课题也很重要。

笔者要对俄罗斯科学院远东研究所同事在本书写作过程中给予的帮助表示感谢，他们是本书责任编辑、历史学博士罗曼诺夫教授、卡申研究员、经济学副博士乌沙科夫和贝丽琳娜，以及叶比辛娜（莫斯科大学），还有本书的评阅人米赫耶夫院士（俄罗斯科学院世界经济与国际关系研究所）、拉林通讯院士（设在符拉迪沃斯托克市的俄罗斯科学院远东分院人类学和考古学研究所）、历史学博士卢金教授（俄罗斯高等经济研究大学），感谢诸位在本书写作过程中提出的宝贵意见和建议。

第一章

大趋势：当代国际进程中的俄罗斯和中国

一、中国对国际政治历史与现实的认知

当代中国呈现出多样性和复杂性的特征。更形象地讲，中国就是一座巨大的"冰山"，冰山的一角（如经济、意识形态和外交）显露在外面，且专家和政治家们都能够感知到，其他角面要么较少能触碰到，要么只能在具体分析时领悟到其中一部分。通常，许多东西隐含在其中枢①的政治谋略中，特别是关乎就中国内政外交面临的这样或那样问题制定具体举措的方面。

中国共产党第十九次全国代表大会召开前，中国领导人已经十分

---

① 这里指的是中南海，类似于俄罗斯的克里姆林宫，系最高政治领导人定期开会和决策的场所。

清晰地确立发展目标和动力——到建党一百周年(2021年）将建成"小康社会"，到中华人民共和国成立一百周年时（2049 年）将建成富强的现代化国家。

中国领导人习近平在中共十九大上宣布了关于中国社会主要矛盾的新阐释，即"人民日益增长的美好生活需要和不平衡不充分的发展之间的矛盾"①。这一提法将对中国制定发展战略产生影响。毛泽东时期，从 20 世纪 60 年代开始，阶级斗争是中国的主要社会矛盾。邓小平推动改革开放初期，中国社会的主要矛盾转变为"人民群众日益增长的物质文化需求与社会生产力相对落后的矛盾"。需要对社会主要矛盾进行新的阐释的动机，正是来源于中国的生产在很多方面不再"落后"，人民群众的新需求不可能再通过提高经济指标来满足（更多的是对公平、正义、法治的新需求，以及生态环境方面的新要求）。

在这样的情况下，以习近平同志为核心的"第五代"中国领导人②，将实现中华民族伟大复兴确定为本届领导集体的宏大奋斗目标。③

中国国家主席习近平开展了全面反腐运动，然而也遭受到来自军方、党内、商业集团的部分腐败分子的强烈抵抗，他们几十年来练就出一套生存策略。除了这一"战场"之外，还有一些其他严峻挑战，

① 参见习近平总书记在中国共产党第十九次全国代表大会上的报告。
② 作者原文如此表述。——译者注
③ 2012 年 11 月 29 日，习近平主席在国家博物馆参观"复兴之路"展览时，正式提出"复兴"思想，并强调"中国梦"不仅是指个人、物质富裕，也是强国梦，后者能够保障"中国梦"的实现。

包括经济转向创新型发展新模式，解决生态环境、能源资源、人口比例失衡等方面的严峻问题。当前，中国还面临着一系列麻烦的"旧的"和相对新的地区性困难和问题。

在对外政策方面，2016年起，中国外交推行"四个促进"。俄罗斯科学院远东研究所博尔季亚科夫教授将其归纳为：促进经济一体化，来构建开放型经济；促进紧密的相互联系，来实现共同发展；促进改革和创新，来巩固国内发展动力；促进合作与实现共赢，来深化伙伴关系。①

2017年中共十九大召开，提出深化和进一步推进中国特色社会主义的主要思想，包括对外政策方面的构想。显然，诸如"互赢""共同发展"等部分"四个促进"的内容，也平稳地转向未来的发展议程。

中共十九大提出的"人类命运共同体"理念，在2017年前曾不止一次地在不同形式的国际场合被呈现。2013年至2015年间，习近平主席多次向非洲、拉丁美洲、东盟国家的民众重点提出这一理念。这一理念有各种表述："亚洲命运共同体""亚非命运共同体""中国东盟命运共同体"，还有前不久出现的新提法"核安全命运共同体"。

与此同时，中国在不同场合强调公平、相互协商的协作规则，致力于建立伙伴关系，同时秉承开放、包容，以及承认文化和发展道路的多样性。在中共十九大召开前，"人类命运共同体"就主张构建承担共同责任的相互协作机制，推动构建综合性的国际政治、经济与文化合作局面。

---

① Портяков В.Я. Внешняя политика Китайской Народной Республики в 2016 г.//Проблемы Дальнего Востока. 2017. № 1. 2017. С. 5.

"人类命运共同体"理念在中共十九大上得到进一步丰富和发展。中国表示，将一如既往地做世界和平的建设者，为全球发展作贡献，并作为"国际秩序维护者"开展行动。最后一个定位针对的是国外学界中流传的关于中国试图动摇或完全废除当代世界秩序的论断。与此同时，这并不意味着，中国完全认同当前世界秩序的所有方面。中国依然坚持必须基于发展中国家利益变革全球规则的论断。

中共十九大会议上发布的材料，进一步拓展了对"新型大国关系"的内容阐释。这一提法早在2013年就由习近平提出，强调"新型大国关系"是"合作与互赢"的国家间关系。在中共十九大报告中，这一定义继续保留，同时增加了"互相尊重、平等和公正"内容。

有关当前时代特征的概况也主要延续2007年和2012年党代会的表述：人类正处在大变革大调整过程，和平与发展仍然是时代主题，当代世界多样性不断增加。新增提法包括"加快推动全球治理和世界秩序变革"。

当前的不稳定、不确定因素包括：世界经济增长动力不足、贫富差距扩大、地区"热点"问题频出、恐怖主义、网络安全、致命性传染疾病、气候变化等。需要指出的是，报告中不再出现上一届党代会中有关"霸权主义"和"新干涉主义"的表述，同时继续强调反对使用武力政策。

如果要分析报告中"没有哪个国家能够独自应对人类面临的各种挑战，也没有哪个国家能够退回到自我封闭的孤岛"这句话，那么不仅可以看到中国对集体行动战略的坚定支持，同时也隐晦地批评整个西方政治中的孤立主义，特别是特朗普的政策方针。

在中共十九大前后，中国学术界围绕国际问题和"全球责任"展开过大量讨论，也提出了一系列观点和看法。其中一种观点认为，推行中国承担全球责任的政策为时过早；另一种观点则认为，必须尽快加强中国走向全球强国的政策，以及建立更加公平合理的世界秩序。

中共十九大报告明确提出构建更加积极和"多层次"的中国外交，必须发展与大国（美国等）、邻国（也包括俄罗斯）和发展中国家的关系。在本次会议上，实际上已经确立中国处于向新的世界秩序领导国的过渡阶段，也确立了中国建成世界大国的参照时间——2050年。[①]

可能，目标制定得有些高，但实际上，中国已经加入到地缘政治大博弈中，未来10年至15年（如果世界或中国国内不发生不可抗力的重大事件）将进入真正的世界领导国行列。中国领导人正在改变传统上等待与谨慎的策略，开始展现更加积极的姿态和提出一些战略创新理念。

中国最新的一系列外交倡议（如"一带一路"、与东盟协作、推动金砖国家和上海合作组织发展等），事实上将地缘政治和地缘经济进行融合。而且，中国领导人没有使用众所周知的（传统）术语，也没有将其宏大的对外倡议冠以"地缘政治"的名号，而是将崛起中的中国的陆上与海洋的地缘政治融为一体。这种融合有助于中国在更广阔的地理范围内纵横捭阖——从欧亚空间到拉丁美洲、非洲、南海和北方航道。中国未必会以激进的方式变革既有国际秩序，但实际上中

---

① 详见 ПортяковВ.Я. СтановлениеКитаякакответственнойглобальнойдержавы. М.: ИДВРАН, 2013. С. 6–19; ЛомановА.В. Новыеконцепцииикитайскойвнешнейполитики. С.8–18.

国谨慎地利用金融经济实力和"软实力"政策工具来实现这一目标。

中国对世界和外交政策的认知，被视为脱离邓小平的"韬光养晦"构想。虽然从邓小平到江泽民，再到胡锦涛时代，中国并没有奉行积极的外交政策（不管是全球性的，还是地区性的），但频繁地使用阶级话语，发表大量批评"霸权主义"和"世界资本主义"的声明。与此同时，强硬的声明与柔软的实际行动之间常常形成鲜明对比。

从习近平开始，中国的外交话语中越来越多地使用柔性、圆润的表述，比如"中国梦""软实力""'一带一路'倡议""人类命运共同体""互利"等，也更频繁地使用"公正""理性""美好中国"等词组。与此同时，中国对外政策变得更加积极、灵活，政策范围基本囊括世界所有地区。在向世界展示自己的实力和信心、不再"韬光养晦"的同时，中国对触及国家利益的任何不友好行为都给予相应回应。比如，2018 年 3 月 9 日，美国单方面对从中国进口的钢材（25％）、铝材（10％）和一系列高技术产品提高关税后，中国于 2018 年 4 月 2 日对美国 128 种农产品提高进口关税。

俄罗斯科学院远东研究所的中国问题专家杰尼索夫撰文指出："习近平的思想是一种将中国由大国变为强国的思想，也是一种全球权力转移的思想。习近平外交具有'转型'特征，象征着中国全球雄心抱负的增长。"[1]

---

① Денисов И.Е., Адамова Д.Л.Формулы внешней политики Си Цзиньпина: основные особенности и проблемы интерпретации//Китай в мировой и региональнойполитике. История и современность. Вып. XXII/сост. и отв. ред. Е.И. Сафронова.М.: ИДВ РАН, 2017. С.88.

2012 年 11 月发布的中共十八大报告中写入了"公共外交"和"全球治理"概念，这在此前同等级别的官方文件中从未出现过，这两个概念在中共十九大会议上被广泛使用。

在公共外交领域，习近平强调其他国家社会情势的重要性，因为"国家间关系依靠民心相通"。他在对外宣传领域提出"讲好中国故事"和"传播中国声音"的任务。中国专家称赞习近平在国外一系列访问中的演讲，并称他为"中国故事的模范讲解员"（中国领导人多次提及"鞋子理论""茶和啤酒理论""橘子树理论""狮子理论"，这些理论被用以论证中国发展模式的合法性和爱好和平）。

习近平执政后，中国走上了谨慎的再意识形态化道路（提升民族传统的作用）。这些尝试在外交领域也有所体现。中国努力为外交政策换上"中国面貌"，进而产生"中国特色大国外交""中国特色维护国家利益之路"等构想。

中国还试图援引历史和中华文明的独特性，作为论证中国将始终坚定不移地坚持和平发展道路的依据。恢复中国古代和中世纪时期所拥有的自给自足和绝对独立自主的提法，为中国外交奠定了基础。19 世纪中叶，英国、法国、德国和美国借助暴力"开放"手段，打破了中华文明发展的自然进程。"鸦片战争"的结果，则迫使中国签署了一系列不平等条约，中国开始走向半殖民地发展状态。

许多中国学者认为，中国的传统思想构成中华文明复兴进程的基础。由于儒家文化倡导在存异的同时将和谐置于首位，中国准备为经济领域的"共同发展"事业和促进不同文明交流来巩固和平与整体安全，作出自己的贡献。

在中国的教育和宣传系统中，一定包含中国从 19 世纪中叶到 20
世纪中叶经受的西方列强带来的"百年屈辱"的记忆。中国领导人断
定，虽然新时期的中国已经走过百年动荡和战争之路，但不会以同样
的方式报复其他国家和人民。中国人民珍惜和平，因为担忧动荡混
乱，所以向往稳定安宁。援引中国传统价值观，如儒家思想（"和为
贵""己所不欲勿施于人""四海之内皆兄弟"等），构成这一论断的
补充证明。中国不断强调，古代思想构成当下中国外交的一系列基本
理念，引导着问题研究领域的扩展，也要求在研究中使用综合的汉学
研究方法，吸收中国文化、历史、经典文学的知识。

值得注意的是，中国不仅努力将本国思想投射给外部世界，同时
还致力于让外界正确理解这些思想。最近中国专家越来越关注将中
国政治构想准确地翻译成外语的问题。比如，在他们看来，"中国梦"
最好翻译为"中国式的梦"，而不是"属于中国的梦"，因为前者强调
中国梦指的是中国人民的愿望，而非国家计划。中国译者不同意将
"新型大国关系"翻译为"new type of major power relationship"，因为
"power"一词使人们回想起强权政治或者霸权。事实上，中国领导人
持有相反观点，也就是反对西方"强权政治"，因此，更愿意将新型
大国关系翻译为"new model of major country relationship"。①

目前，将邓小平关于"韬光养晦"的提法翻译为"hide our
capacity and bide our time"，遭受的批评最多。在中文文献中，常见的
说法认为，这种不准确的翻译版本是美国军方作的怪，其有意识地制

---

① Ломанов А.В. Новые концепции китайской внешней политики. С. 16.

造机会指责中国推行某种"长期蓄谋"的恶意政策。

不过，中国完全遵从邓小平遗训的时代行将结束。中国努力获取全球大国的地位，并为此转向积极外交政策。中文文献中经常援引20世纪初中国外交官陆征祥的名言："弱国无外交。"当下国力不断增强的中国，努力消除本国作为弱国且没有能力推动全球倡议的惯性思维（"四个自信"的官方口号间接地涉及外交政策领域）。

中国的公开出版物中，通常将"人类命运共同体"、"新型国际关系"（或"新型大国关系"）、"一带一路"称为习近平的主要外交理念。中国遵循的"对话而不对抗，结伴而不结盟"的规范性路径，在很大程度上延续着过去的政策。中国专家也认为，中国已经在打造超越西方现实主义的新型"包容性"外交政策。

过去，中国外交在地区层面至少遇到如下四个问题：

——中国与日本、越南、菲律宾和其他国家在南海的"岛屿争端"持续。

——与朝鲜之间的复杂关系，包括朝鲜发展军事和核项目计划。

——中国和印度在喜马拉雅山、西藏边境地区长期存在相互敌对的情势，以及印度抗议中国在"一带一路"倡议框架下修建（穿越克什米尔）到瓜达尔港（巴基斯坦）的交通走廊。

——新疆维吾尔自治区。众所周知，维吾尔族的分离分子和极端分子长期以来让全中国处于一种紧张状态中，因为近年来他们的恐怖主义活动已经超出新疆范围，其他中国省份也发现了他们的踪迹。

中国宣布"和平崛起"后，有关新超级大国的诞生，世界范围内出现一些有意无意的不同看法和预测，既有积极又有稍微消极的评价，尤其是部分西方学者指责中国未来将奉行扩张主义政策，并制订主导世界的计划。

通常，第一类（不久前）被归入"建构主义"群体，主要包括一些西方国家知名中国问题学者，如乔治·华盛顿大学政治学教授沈大伟、伦敦经济学院教授迈克尔·亚胡达、英国前外交官韦恩、牛津大学教授瑞秋·墨菲等。他们重复着西方学术界的老生常谈，认为中国政权是威权型的，缺乏公民社会，中国经济矛盾重重，人民币汇率过低（人为操纵的），生态和能源挑战增加，但他们并不认为中国对世界构成扩张主义威胁。比如，沈大伟指出，中国终究"……可以为全球安全体系挑战的应对作出自己的贡献"①。

与此同时，西方学术界也形成强大的反华研究阵容，并把中国不可避免地向全世界扩张，导致威胁不断增长的判断作为基本论调，包括军事扩张能力。②

2014 年 11 月，习近平强调，中国需要更加积极、且能够具备一系列未来世界大国特色的新外交政策。第一，中国是拥有悠久历史的文明大国。第二，中国是经济发达、文化灿烂、社会稳定的国家。第三，中国是坚持和平与发展政策、推动全世界共同发展的大国。第四，中国是向外部世界开放、负责任的社会主义大国。③

1. 中国在坚持社会主义基础的同时，强调承担全球责任，自然而

---

① Charting China's Future. Domestic and International Challenges/Ed. by David Shambaygh. London; NewYork: Routledge, 2011. pp. 31–35, 59, 73.

② Constantine C. Menges. China: The Gathering Threat. Nashville; Tenn.: Nelson Current, 2005.

③ Титаренко М.Л., Ломанов А.В. Становление Китая как великой державы//Проблемы Дальнего Востока. 2015. № 3. C. 13–14.

然地引起世界范围内的大量评价和解读。这种包含国际政治、中国内政、社会经济、意识形态和文明向度的话语，通常可以分成六组问题。

对扩大"中国特色社会主义"外延的机遇和前景的评价，无论是理论层面，还是在实践层面，都是重要的。[①] 多数中国政治学者和经济学者认为，这一模式框架内，自由主义经济原则与国家社会主义原则正在融合和（或）趋同，可以四十多年经济改革的成功实践为证。

以中国共产党为核心的中国领导层，善于把各种替代性的经济制度融合在一起。当下中国经济体系正处于"第三条道路"（不同于以往的资本主义和社会主义）的初始阶段。也许进一步的趋同或融合的成功，将取决于能否由当前粗放型经济模式转变为集约、创新型的新经济现代化模式。当前发展阶段的成功和特点与中国拥有充足行政资源和金融实力有密切联系，这些资源有助于维护中国已经建立起来的经济结构的稳定和发展。

2."中国特色社会主义"与中华文明之间的相互关系问题依然具有现实意义。21世纪初，俄罗斯一批左翼（社会主义）倾向的知名学者提出"中国特色社会主义"和"社会主义文明"的理念，其在68年（1949—2017）的时间里融入拥有数千年历史的中华文明之中。[②] 从当下和中国经济取得的实际成绩来看，这是一项开启中国现代化道路的伟大政治创新。不过，这方面的讨论并没有结束，来自不同

---

① 俄罗斯科学院远东研究所的比沃瓦洛娃教授是最早提出这一问题的汉学家。详见 Пивоварова Э.П.Социализм с китайской спецификой. М.: ИД «ФОРУМ», 2011。

② Титаренко М.Л. О феномене китайского социализма（Размышления по поводу дискуссий о китайском социализме и итогов XVIII съезда КПК）//ПроблемыДальнего Востока. 2013. № 2. C. 3–25.

国家、不同研究领域的学者，继续研究中国特色社会主义特征。2013年，中国国家主席习近平在延伸围绕中国对外政策创新背景下有关"义利观"讨论的同时，将十二个"核心价值观"主题词，引入中国意识形态范畴，包括：(1) 富强；(2) 民主；(3) 文明；(4) 和谐；(5) 自由；(6) 平等；(7) 公正；(8) 法治；(9) 爱国；(10) 敬业；(11) 诚信；(12) 友善。之后的实践表明，试图将国内意识形态工作与对外政策联系在一起，并没有得到进一步发展。①

3. 在年均 GDP 增长速度逐渐放慢、中国金融市场不稳和面临结构性改革的背景下，构建起向新型创新经济模式转型的有效机制问题显得越来越迫切。与此同时，截止到 2016 年年底，中国的外汇储备增加到 3.14 万亿美元，表明中国在金融储备达到"峰值"后开始减缓的情况下，依然具备强大的金融调控能力。在此背景下，习近平善于将复兴中国和发扬古老中华文明的传统（长时段历史）的目标，植入"中国特色社会主义"理念。可以说，习近平主席将普通中国人耳熟能详的、鲜活的中国故事融入传统共产主义的意识形态体系之中。

4. 在构建大国轮廓和复兴中华民族的过程中，中国领导人认为有必要替换经济增长模式，即利用国内资源，包括科技增长，向创新型经济模式转型。就像中共十九大报告指出的那样，这种转向刚刚开始，必然导致年度 GDP 增长速度下降到 6.5%—7.2% 之间。以公私混合和自由主义成分为代表的"国民经济"呈现出明显的强化态势，"国民经济"的社会成分也显著增强（实现"小康"学说）。分管中国

---

① Ломанов А.В. Новые концепции китайской внешней политики. С. 14.

经济事务的领导人，遇到产能过剩的问题。这些基本上都是技术水平较低、原料和能源消耗高、严重污染环境的中小型企业。在当前的五年规划中，仅在黑色金属产业领域就淘汰了 1 亿—1.5 亿吨的低效率、落后的钢产能。国有经济在中国将长期存在。与此同时，改革金融、能源、农业经济，缩减无担保贷款资产，解决钢材、煤炭等部分产品过剩产能等问题，均已经提上议事日程。①2018 年年初，美国单方面对中国商品提高关税，中国对美国采取惩罚性措施后，"贸易战"拉开帷幕，给中国经济造成额外的过重负担。

5.当前世界经济重组的最终轮廓正被确立和补充。中国以"创新、协调、绿色、开放和共享"理念为基础，制定出推动社会经济发展的措施，同时成为"十三五"规划的基本要求。本轮改革在十大主要方向展开：（1）国有企业改革；（2）完善创新驱动的机制和制度；（3）政府功能转型；（4）税务金融体系改革；（5）银行改革；（6）城市化、农业和农村工作的制度创新；（7）构建对外开放新体系；（8）生态文明体系改革；（9）深化社会保障、收入分配、教育、医疗、文化和体育领域的改革；（10）监督和评估改革试点成果。在国企改革框架内，还需要完善国有资产管理体制，推进混合所有制改革，增强非国有企业的经济活力。②

---

① 详见 Островский А.В. Некоторые аспекты истории и перспективинновационного развития Китая//Проблемы Дальнего Востока. 2017. № 3. C. 66–74;Итоги 12-й пятилетки（2011–2015 годы）и перспективы развития экономики КНРдо 2020 года/отв. ред. А.В. Островский; сост. П.Б. Каменнов. М.: ИДВ РАН, 2017。

② Итоги 12-й пятилетки（2011–2015 годы）и перспективы развития экономики КНРдо 2020 года/отв. ред. А.В. Островский; сост. П.Б. Каменнов. М.: ИДВ РАН, 2017.

6. 构建起负责任大国外交政策的新日程，已经长时间、分阶段地加以推动。可以列出中国在这方面采取的举措：加入世界贸易组织（2001 年），创建上海合作组织（2001 年），签署《京都议定书》（2002 年），参与组建 G20 机制和提出新安全观（2002 年）。由此，中国开启新的外交征程，进而创建金砖国家机制并推动扩员进程，承担起维和使命。随后，中国提出"一带一路"（2012 年）和"人类命运共同体"（2014—2017 年）两个全球性倡议。①

二、中国与全球治理机制

（一）学界的讨论

中国问题专家认为，积极参与全球治理，既重要又必要，有助于中国维持和平与发展的国际环境。中国对"全球治理"概念公认的理解是：一种各国领导人和政府、联合国机构以及包括公民社会组织在内的其他国际组织参与全球事务的进程，旨在实现对全球事务的共同治理、维护和平与稳定、解决最重要的全球和地区问题、消除对国际

---

① 详见 ПортяковВ.Я. ВнешняяполитикаКитайскойНароднойРеспубликив XXI столетии. М.: ИДВРАН, 2015; ЛомановА.В. Новыеконцепциикитайскойвнешнейполитики. С. 8–18; Сафронова Е.И. Китай и развивающийсямир: концепции и актуальная практика отношений（на примере Африки и Латинской Америки）; Сазонов С.Л. Взаимодействие России и Китая в области транспорта.С. 119–134; Китай в мировой и региональной политике; Уянаев С.В. ВзаимодействиеРФ и КНР в структурах БРИКС и РИК。

社会的威胁和挑战。

从 21 世纪初开始，中国学术界就对全球治理构想展开广泛讨论。① 这一时期，大部分出版文献是介绍国外学者的观点，一系列关于全球治理问题的国外学术论文也被翻译成汉语。起初，中国学者认为，全球治理构想是"脆弱的"（唐贤兴），并呼吁拒绝接受其中没有依据的幻想，因为国际关系中大国占据权力支配地位，而"无政府"状态下国际社会推行全球治理，将导致有能力解决现有问题的大国的作用下降。

2002 年，俞可平教授发表的论文② 是中国学者将全球治理概念与中国现实结合起来探讨的首次尝试，对之后的研究产生了极其重要的影响。这篇论文系统性地分析了全球治理的特点、组成要素和行为主体（政府和国家机关，联合国、国际货币基金组织、世界银行和世贸组织等政府间组织，公民社会的全球性非政府组织）。与此同时，俞可平也指出了接受西方理解的全球治理理论的三方面危险：第一，国际组织和全球公民社会组织处于美国和西方发达国家控制下，使之有能力操纵这些组织；第二，西方国家依据自己的价值观和计划，构建起全球治理的原则和机制；第三，全球治理理论是基于国家作用被削弱和国家主权被侵蚀构建的，以及强国和跨国组织采取削弱国家主权的措施之上，进而为干涉他国内政提供空间。因而，"歪曲"的全球

---

① 关于全球治理的中文文章，最早发表于 1995 年，但之后几年（1996—1998 年），中国学术界没有提及这一概念。参见白云真：《全球治理问题研究的回顾与前瞻》，《教学与研究》2007 年第 4 期。

② 俞可平：《全球治理引论》，《马克思主义与现实》2002 年第 1 期。

治理理论可以被当作维护霸权政策的工具使用。①

将全球治理构想用于维护西方自身利益定性为"歪曲"，是俞可平论述中十分重要的解读。这一立场为创立中国和非西方世界可以接受的、"未被曲解"的全球治理观念提供操作空间。同时，21 世纪的前 5 年里，中国学者主要重点关注对西方传播来的全球治理概念进行深刻改造的必要性，并去除与中国实际不相符的自由主义成分，以及强调国际公民社会优先于有国家参与的传统组织的西方立场。

2004 年，蔡拓教授的论文对中国的全球治理观进一步展开讨论。② 他也强调，全球治理概念在西方出现适逢全球化时期，反映出最发达国家的理论和政治实践，其特征是主张提高非政府组织在供给社会福利方面的作用、国家权力向社会让渡，以及构建主权国家之外的政策。

蔡拓认为，基于一系列因素，中国不能复制西方的全球治理政策。中国参与国际事务的时间相对较短，并不熟悉全球治理的诸多机制和规范，尚需时日去学习和掌握。与其他发展中国家一样，中国对在民族解放斗争中赢得的国家主权持十分敏感的态度。包括中国在内的发展中国家，都深刻地感到现行世界秩序的不公正，并且希望摆脱西方国家控制，因此，也对西方国家提出的"非领土"政治口号持谨慎态度。此外，中国的公民社会在改革开放时期才开始构建，目前还处于孕育状态，其各种组织架构还没有像西方国家那样构建起来，也没有成为全球治理的主体。蔡拓指出，在中国扩大参与全球化进程

① 俞可平：《全球治理引论》，《马克思主义与现实》2002 年第 1 期。
② 蔡拓：《全球治理的中国视角与实践》，《中国社会科学》2004 年第 1 期。

中，这些因素使得中国对待全球化的态度呈现出两面性。"一方面，中国认可全球治理的必要性和合理性，基于此不断拓展参与国际事务的广度，有意识地对接国际规则；另一方面，中国对西方发达国家强调的非领土政治和全球公民社会持有保留态度。"①

为解决上述问题，蔡拓建议，要基于现实存在的限制因素，来制定中国参与全球治理的态度。第一，中国不能从"混乱的"世界层面出发，而应该着眼于较为明确的国家层面，全球治理应该是"立足于自身的跨国合作"。第二，全球治理只能聚焦涉及所有国家的全球性问题，而不是涉及单一国家、民族或地区的个别问题，同时应该完全避免意识形态化。第三，中国参与全球治理应该结合国内正在实施的培育公民社会和在基层组织发展民主的努力。总的来说，全球治理应该有不同主体参与，但暂时不会出现替代国家作为全球治理主要参与者的情况，中国的非政府组织在体量和威信力方面不能与国家相提并论。

2008 年爆发的全球性金融危机，深刻影响着西方国家政治，随后中国关于全球治理讨论的内容也发生重大变化，政府在经济领域作用的提升、反对自由主义将希望寄托于市场的自我组织、大型跨国金融机构权威丧失等因素，使得危机后的西方国家全球治理立场与中国强调国家作用的立场开始相互接近。

经济危机带来有关中国在多大程度上承担起解决西方国家制造的全球性问题责任的争论，以美国为首的西方国家是否准备与新兴国家

---

① 蔡拓：《全球治理的中国视角与实践》，《中国社会科学》2004 年第 1 期。

分享全球治理权力，特别是同中国分权限度的问题。庞中英指出，美国处于战后世界秩序的中心位置，特别是冷战结束以来。但是，现在美国的"全球霸权"却处于因其内部原因和矛盾导致的危机之中。他认为，里根主义和新自由主义将美国变成"债务帝国"，造就了美国社会的高消费和低储蓄。美国不可能放弃"世界领导地位"，因此，密切关注正在崛起的中国提出的国际计划，包括关注中国是否维持现有国际秩序，还是挑战这一秩序。

危机后的世界局势发展，让中国学者认识到，一方面，作为全球问题制造者的西方国家，试图将解决问题的负担转嫁给中国；另一方面，发展中国家，特别是非洲国家，也希望中国在解决经济和安全问题方面发挥更重要的作用。这样一来，来自不同方面的两种冲力，将中国推到全球治理的世界舞台前沿。与此同时，中国倾向于摆脱有关自身在全球治理中地位的大声议论，认为这将会激怒外部世界。中国努力不挑战发达国家，也不想成为发展中国家的"领头羊"，同时也避免针对全球问题提出自己的解决方案。

中国和西方在政治构想方面存在的文明差异问题，在中国学者的论述中占据越来越显著的位置。中国人民大学王义桅教授试图使用地理决定论，来思考中国"治理"认知的特点。他认为，对中国人而言，治理的概念在历史上与驯服河流的自然现象有关。因为早期中华文明起源于黄河流域的集居区域，预防洪水和治理水灾是国家政权最重要的责任，这种活动属于最高等级的治理。与此同时，欧洲观念中的治理概念，并不预设存在有权威的政府。王义桅认为，传统文化阻碍着中国接受欧洲自由主义的治理理念。中国人的整体世界观根深蒂固，从人与自然和谐的思想出发，在政治领域的传统观点依托以道德和中庸维系统治的思想。在现代世界中这一差异仍然存在，因为中国强调不干涉他国内政和意识形态的多样性的同时，仅承认经济治理和经济全球化。[①]

中国社会科学院的专家认为，参与全球治理既重要又必要。受惠于全球治理，中国得以维持和平与发展的国际环境。支配世界秩序的国家表现出开放性，包括开始扩大"非西方国家"在国际货币基金组织和世界银行中的权力，"七国集团"让位于有中国参与的"二十国集团"。尽管既定国际体系还没有发生根本性变化，但中国有能力在国际体系中发挥重要作用，继续与其他国家一道分享"和平红利"。中国已经成为世界贸易组织的成熟贸易伙伴，在国际货币基金组织内则成为债权国，曾在金融危机期间为解决全球问题提供资金支持。此外，积极参与全球治理为中国在国际舞台提升军事领域之外的"软实力"创造了机会。在美国追求普遍主义的背景下，强调能够体现新兴国家在世界经济中共同利益的"包容性发展"理念，可以成为中国"软实力"的源泉。

关于全球治理的可能主体，中国学者存在分歧。

一部分学者认为，全球治理就是所谓的"大国协调"，由大国决定现代世界秩序的架构，制定政治和经济战略，同时采取解决国际冲突和防止出现新的威胁和挑战的共同措施。

"二十国集团"就被视为一个合适的平台，主要的世界大国都参

---

① 王义桅：《海殇？欧洲文明启示录》，上海人民出版社2013年版，第215页。

与其中，并以平等和协商一致为基础开展行动。

中国学者关于全球治理问题的研究主要集中在经济领域，而关于政治和安全政策领域的全球治理原则和机制的研究要少得多。个别中国学者提出"地缘政治经济学"的概念，据说与"霸权主义衰落"有关。上海社科院副院长黄仁伟提出"市场与经济之间的力量结合，已经赶超军事和政治力量，成为地缘政治结构的基本要素之一"①。

有关现有全球治理机制的不完善，必须在考虑中国和其他快速发展的新兴国家意见的基础上对其进行变革等问题，已经被提上议事日程，还谈到构建"更加公正与合理"全球秩序的必要性。中国外交学院院长秦亚青教授指出："国际社会的新问题是全球治理的需求与国际机制不健全之间的矛盾。"他指出："近二十年，为克服制度赤字和提升全球治理水平，国际社会正在推动改革和创新。"②

综上所述，过去十年，中国学者曾经警惕地将全球治理视为西方国家强加给发展中国家、削弱国家主权和将国家权力转给国际公民社会组织的自由主义政策工具的看法，已经成为历史。2008 年爆发的全球性金融危机削弱了西方国家的地位，中国的地位则进一步巩固，就中国扩大参与全球治理可能性而言，"二十国集团"模式的出现带来了一波乐观评估。

这样一来，在对全球治理理念的评价和中国在国际事务中应该坚持什么样政策路线方面，中国政治研究界，实际上被划分为两个"阵营"。

---

① 秦亚青:《世界格局、国际制度与全球秩序》,《现代国际关系》2010 年第 1 期。
② 黄仁伟:《地缘理论演变与中国和平发展道路》,《现代国际关系》2010 年第 1 期。

大多数中国学者，也就是主流，主张中国需要根据上升的国际地位，采取更加积极的行动来提高中国在全球治理中的作用。学界详细分析中国的实际能力，与美国、俄罗斯、欧盟、日本、东盟、印度等世界主要力量中心之间的关系特征。多数研究钟爱的题目是中国富强思想、中国在世界文明中的特殊作用，以及中国成为 21 世纪主要大国的理念。

与此同时，中国学界还存在另一种看法（主要是来自强力和情报部门的多数学者，以及支持民族主义观点的学者）。这些学者消极看待全球治理，将其视为西方国家的"阴谋"，其目标是维护西方国家在全世界的主导地位，并迫使包括中国在内的其他国家服从西方国家的宗旨和利益。

（二）中国变革全球治理的政策

学界讨论之余，中国的现实政策层面已开启分阶段、有计划地深化拓展非西方国家在国际货币基金组织和世界银行中权力的进程，"七国集团"也正让位于有中国参与的"二十国集团"。尽管当今国际体系并没有发生根本性变化，但中国能够在国际体系中发挥更重要的作用，并支持扩大全球治理话语权的国家权力。

中共十九大提出关于全球治理的新论述，强调中国的全球治理观是"共商、共建、共享"。作为一个负责任的大国，中国愿意积极参与"改革和建设"全球治理体系。这些阐述表明，中国对自身在国际社会中地位评估的变化，以及希望成为新规则制定进程中的平等参与者。

2012 年发布的中共十八大报告中指出，中国希望提升在联合国、"二十国集团"、上海合作组织、金砖国家等国际事务中的作用。2017 年发布的中共十九大报告中在类似的章节中仅保留联合国。鉴于中国已举行过这方面的国际活动，此次报告中并没有提及"二十国集团"和金砖国家，也没有提到上海合作组织。

目前，中国外交政策越来越强硬，在一定程度上得益于西方国家面临的经济困难及其地位的整体弱化。中国领导人提出一项推动改变不公平世界经济与政治架构的任务，认为这些架构主要维护的是富国和强国的利益。

提升本国全球治理地位的一项政策工具是中国领导人与其他世界大国国家领导人的私人会晤，既有在双边层面举行正式访问时的会晤，也有在不同国际场合的会晤。这里首先指的是美国、俄罗斯、印度三个世界大国，中国领导人每年与上述国家领导人举行多次会晤。

中国也努力提升自身在现有全球协调机制中的影响力，包括联合国、"二十国集团"、国际货币基金组织、世界银行、世界贸易组织、东盟、不断壮大的金砖机制和其他国际组织。

资料：中国在世界和全球治理领域的影响力取决于经济实力。得益于四十多年的改革开放，中国实现了突破性发展。进入 21 世纪以来，中国的 GDP 增长四倍多，其排名由世界第六位上升到第二位，2017 年中国的 GDP 占世界总量的 15%。中国的黄金外汇储备达到 3.14 万亿美元。中国是世界贸易中的第一大出口国和第二大进口国。与 2010 年相比，中国人均可支配收入实际增长近四分之三。中国已经成为世界经济最重要的组成部分，其经济实力开始迅速转变为外交影响力。

中国将联合国视为维护和平、发展全球治理的决定性角色。中国积极参加联合国主要领域的所有工作，包括维和行动，并呼吁基于国际法解决国际问题。根据中国国务院新闻办公室的数据，中国先后参与过 19 次联合国的维和行动，并派遣 17390 名军人参与其中。2012 年 6 月，2044 名中国官兵参加了 12 起维和行动，还将自己的海军舰队派遣到海盗猖獗的区域。

与此同时，中国主张对联合国进行"合理和有针对性"的改革，更加充分利用联合国的实际能力，提升发展问题在联合国工作中的比重。中国原则上支持联合国安理会扩员的提议，但对变革联合国安理会常任理事国机制持谨慎态度，并支持提高发展中国家在联合国安理会中的地位。

中国已经加入一批国际协定，同时也对限制其行动的国际协定持谨慎态度，特别是军事领域。虽然中国已经签署《不扩散核武器条约》和《全面禁止核试验条约》，但并没有签署任何一个限制现有常规武器、核武器条约，也拒绝加入"防止大规模杀伤性武器扩散安全倡议"。中国消极对待在国际组织框架下，通过多边方式解决与其他国家领土和其他争议的各种提议。

中国将联合国放在首要位置，认为联合国在当代国际关系体系中占据核心位置，联合国是集体解决国际事务、反对单边政策、遵守国际法普遍原则的保障。中国重视改革联合国（及其安理会）的必要性，首先是确保组织形式更加符合世界力量格局的变化，同时以此强调"代表性"原则。①

中国对"二十国集团"机制也寄予厚望，其作用在讨论世界事务日程方面越来越被重视，也变得更加显著。今天的"二十国集团"，也许更能清晰、集中地体现出世界最有影响力的国家的代表性，既有西方传统大国，也有新兴、快速崛起的国家（也就是政治学范畴里面的"北方"和"南方"国家）。

其他有影响力国际机构的工作中也涉及全球治理问题，这些机构通常属于区域性的，中国的活跃度较高，包括亚洲太平洋经济合作组织、俄印中三边对话机制和上海合作组织。

然而，近几年，越来越习以为常的是，包括中国在内的国际学术界在讨论全球治理问题时，越来越频繁地谈到与金砖国家机制运行相关的问题。此外，中国对金砖国家的关注主要集中在详细探讨"中国与金砖国家"的约定议题。

诞生于 21 世纪前十年后期的金砖国家机制，是巴西、俄罗斯、印度和中国四国代表进行对话的平台（2010 年年末南非加入），目前在世界舞台上占据着重要（且不断上升的）地位。这一进程的直接体现是金砖国家机制在成员国的优先事务中变得越来越重要。中国对待

---

① 特别是依靠提升发展中国家在重大问题决策方面的"话语权"。与此同时，中国则认为，不应该改变联合国作为现行国际体系主要组织的基本活动原则（集体外交、安理会的决定性作用及其拥有的"否决权"）。

金砖国家机制的态度，在很大程度上反映出中国在全球治理问题上的立场。

资料："金砖五国"拥有超过 40% 的世界人口和四分之一的陆地面积。2001—2016 年，五国 GDP 在世界中的比重增长 2.4 倍，占比由 8.7% 增加到 20.7%。根据现有预测，到 2032 年，"金砖四国"（南非除外）的 GDP 总量将超过今天的"七国集团"。随着经济潜力的增长，"金砖五国"的政治分量也将变得越来越显著。所有这些都让金砖国家机制成为推动世界发展的重磅因素。2011—2013 年，金砖国家平均经济增长速度为 4.11%，而发达国家的这一指标仅为 1.37%。

除举办峰会外，金砖国家正在推进合作的机制化。2009 年，启动金砖国家财政部部长和央行行长会晤。2012 年夏，在金砖国家框架下有二十多个行业领域已经建立或者打算建立部门间对话平台，包括农业、卫生、银行、司法、科技、文化、体育和其他相关领域。

中国在金砖国家框架下主要有三大协作路线，它们或多或少体现出中国对全球治理问题的设计。

第一，在考虑新兴市场国家，尤其是"金砖五国"作用不断增长的基础上，改革陈旧的经济和货币金融机制。

第二，越来越重视世界政治议程，包括推动建立多中心的世界秩序，维护联合国的核心地位，严格遵守国际法准则，以及和平对话解决争端问题。

第三，中国致力于强化"金砖五国"的内部合作。与此同时，其他参与国也希望利用中国的资源，大力发展经济、社会、文化和其他领域的务实合作。

前面两个方向，显然与中国构建"世界新秩序"的战略构想和全球治理问题相关。在此背景下，改革国际经济和政治机制（即全球治理的主要工具）被视为金砖国家议程中的关键任务，也符合世界力量对比的实际变化，尤其是世界经济领域，新兴经济体国家的比重明显上升。

中国的影响力助其在国际货币基金组织框架内获得表决权，包括实现配额和投票权比例由发达国家流向发展中国家的再分配，以便让份额分配比例与其在世界 GDP 总额中的比重大致相当。在金砖国家共同的积极行动下，有关增加发展中国家份额和投票权的建议被提上 2009 年"二十国集团"峰会的议程，随后国际货币基金组织也启动了相应的程序。

从检验中国实践的社会经济发展模式富有活力的角度来看，"金砖五国"对中国的重要性似乎不言而喻。应该看到，"中国特色社会主义"模式（国有经济占较高比重，中国共产党领导的多党合作和政治协商制度等），客观上是一种试图替代传统西方自由主义发展模式的发展选项。

这足以证明，为何要通过金砖机制的机遇和渠道来推动"中国模式"，这一架构里存在有利于坚持新发展模式和实践"发展道路自由选择"原则的有利条件。

金砖国家机制凝聚着发展中国经济和政治的全球动力，有助于中国将其作为事实上没有美国参与的、十分有效的全球治理工具。金砖国家机制也符合中国的利益，因为它有助于创造推动国家进一步发展的有利全球条件，拓展"纵横捭阖"的空间，让"金砖五国"能够"增强或恢复世界大国地位"。

中国多次呼吁伙伴国家重视安全问题，强化在重大地区和国际问题上的合作，深化全方面协作，这就是中国高度关注金砖国家政治合作的证明。中国官方代表在 2013 年举行的圣彼得堡国际经济论坛上强调，"金砖国家的政治合作比成员国之间的经济利益更加重要"，同时指出，"今天金砖国家的政治影响力与其对人类发展作出的贡献并不相称"，金砖国家应该"在美国中心和欧洲中心的世界中获得更多影响力"。这一表态绝非偶然。

在构建"世界新秩序"的具体工具层面，中国直接提出提高全球治理效率的任务，以及推动国际关系"理性化"改革，而不是以"革命"方式推翻，应该遵循分步实现改革的路径。为实现这些目标，中国呼吁金砖伙伴国：

（1）推动国际货币基金组织和世界银行改革，让投票权和相应的份额与经济主体在变动中的世界经济结构中现在的地位相匹配；采取措施提高国际金融监控机制效率。

（2）改革国际货币体系，包括整顿发行债券，逐渐实现储蓄货币篮子多元化；扩大金砖国家经贸关系中使用本币的规模。

（3）发挥"二十国集团"和其他机制的机能来改善全球治理，为此需要加强"金砖五国"在这些机制中的互动与协作。

众所周知，在 2013 年"二十国集团"圣彼得堡峰会期间举办了金砖国家论坛，并创立金砖国家开发银行。中国向金砖银行货币资金池注入 410 亿美元资金，南非投入 50 亿美元，俄罗斯、巴西、印度各投入 180 亿美元。

中国对金砖国家机制政策的主要任务是，推进包括新兴经济体在内的发展中国家的利益，其实现途径是发展南北对话与南南合作、落实联合国千年发展目标、完成世界贸易组织多哈回合谈判、反对贸易保护主义等。

中国支持金砖国家合作的机制化建设，包括建立各产业合作平台，推进成员国间在经济、人文和其他领域的务实合作。

中国将金砖国家机制与在国际舞台上的官方定位"纯发展中国家"结合起来。这种发展中国家的定位，有助于中国避免承担"过多"国际责任。很显然，从中长期来看，随着中国全球责任和对全球治理进程影响力的不断增强，中国不得不放弃当前的"低调"定位。

中国从"发展中国家"选出"领导国家"，也就是"新兴"市场国家。有理由认为，立足于金砖国家这一实力强大、且具有威望的发展中国家联合体，中国越来越多地将其视为进一步强化其在发展中国家影响力的新工具。

总结中国对金砖国家的立场，我们认为，中国在金砖机制的利益首先与全球治理问题密切相关。有关变革这些治理机制的问题，包括通过增加发展中经济体的分量和影响力，构成金砖国家机制的核心任务之一。中国领导人积极参与并推动这一进程，表明新一代中国领导对该合作机制（方案）的战略兴趣，并将其视为影响当前国际体系和形成多极世界秩序、改革全球治理进程的重要工具。与此同时，似乎中国将任何一种改革方案都视为构建新体系的尝试，而中国在其中将被赋予与其不断上升的世界地位相称的角色。

这样一来，通过加强在全球治理进程和机制中的作用，中国领导人提出争取成为举足轻重的"世界大国"任务。与此同时，中国领导人谈及构建以联合国为核心、以多极和多边原则为基础的公正世界秩序。从设置基本目标的角度来看，很显然，中国领导人将本国视为未来多极世界中的公认的有领导力的国家之一，可以向国际社会提出美国标准之外的"总"议程。

在强化自身在世界经济和政治领域的影响力方面，包括使用"软实力"工具，如推动经济、文化、人文交流，设立海外特别机构（孔子学院）等，中国继续实行进一步全球崛起与发展的政策方针。

一些国际学者认为，中国在经济领域的部分指标已经属于全球大国之列。与此同时，中国国内认为，今天的发展水平被视为完成中国迈入全球治理"前列"的一个阶段。中国在国际经济领域的下一步行动是，提出必须保障世界范围内的能源供应，防止"石油饥荒"，缓解人民币压力，抵御西方国家要求中国国内金融市场"自由化"的要求。在国际政治领域的行动，中国目前仅提出有必要与美国分担国际责任，包括全球治理领域。

三、保障国家安全的中国观

随着中国的发展，在全球范围内的利益涉及面越来越广，对自身构建的全球经济联系体系的依存度越来越高，中国对保障国家安全的态度也随之发生变化。这也在中国推进军事政策目标和任务转型的进程中得到很好的体现。在目标和任务清单中，20 世纪 90 年代末开始的对海洋边界的维护发挥着越来越重要的作用。在更广的范围内，是对中国海外利益的维护。

在新中国成立的最初几十年间，中国领导人有关中国人民解放军任务与目标的声明和官方文件，重点强调军队的主要作用是保卫中华人民共和国及其主权和政治体系。20 世纪 90 年代初，在中国经济开始快速增长的背景下，中国人民解放军的任务有所扩展。时任中共中央总书记江泽民在 1992 年的中共十四大上提出"四个保卫、两个维护"的构想，按照这一构想，军队应该保卫领土、领空、领土水域的主权，以及维护海外利益，维护国家统一与安全。这样，除维护主权和领土完整任务之外，中国军队首次承担起保护国家海外利益的任务。

2004 年，中央军委公布的《军事战略方针》（也就是《2004 年中国的国防》白皮书）中就包含中国亟待保护海外利益的提法。时任中国国家主席、中共中央总书记、中央军委主席胡锦涛在 2004 年年底中央军委扩大会议上指出，军队应该支持"强化党的领导地位"，并且"保障有利于国家发展时期的安全"，更为重要的是"为拓展国家利益（领域）提供强有力的战略支撑"。胡锦涛的讲话背景就是中国的海外投资快速增加，1999 年领导人呼吁中国企业"走出去"。近期中国领导人向军队提出的新任务："在维护世界和平和促进共同发展中发挥重要作用"，这一新任务也为实现同样目标。

这样，胡锦涛的讲话首次直接提出，中国人民解放军应该成为巩固中国世界政治影响力的重要因素。然而，这一表述还是相当含糊的。比如，2012 年发布的《中国国防白皮书》指出：中国海外利益面临的威胁日益增加。但是，军事力量在保护海外国家利益方面，仅局限于《中国国防白皮书》结尾部分中有关中国人民解放军面临的广泛任务等小篇幅内容，并且明确强调非军事使命。《中国国防白皮书》中还提到：作为补充，中国军队将提高海外行动能力，包括应对突发形势和紧急救援，保护海外商船，疏散中国公民，以及为中国海外利益提供可靠的安全支撑。

2015 年发布的《中国国防白皮书》的表述更清晰些。将"保障中国海外利益安全"置于主要战略任务清单中，并排在第四位，仅次于维护主权与领土完整、保障台湾与大陆统一、维护中国在"新疆域"（网络空间等）的利益。更明显的是，在任务清单中，保持核遏制、拓展国际合作、反恐和打击分离主义排在更靠后的位置。

2017 年召开的中共十九大提出，国防和安全任务的特点是将军事现代化规划的各阶段与国家三个发展阶段的总体蓝图联系在一起。按照中共十九大报告的划分，第一阶段是到 2020 年前全面建成"小康社会"，第二阶段是 2020—2035 年基本实现社会主义现代化，第三阶段则从 2035 年开始，到 21 世纪中叶，建成富强、民主、文明、和谐、美丽的社会主义现代化强国。

在上述表述中，两次使用"强"字，也就是"富强"和"强国"，旨在强调中国处于由富裕到强盛的发展时期。

中共十九大报告把军事建设划分为以下阶段：

——到 2020 年，基本实现机械化，确保信息化发展稳步推进，大幅度提高军队战略潜能。

——到 2035 年，基本实现国防和军队现代化。在推进国家现代化的同时，将全面实现军事理论、军事组织、军事干部体系、武器和军事技术的现代化。

——到 21 世纪中叶，将中国军队全面建成世界一流水平的武装力量。

中国逐步摒弃将安全问题纯粹理解为维护国内稳定、领土完整、政权独立和稳固的狭隘认知。在传统认知基础上，补充进一些与维护中国在世界范围内日益增长的全球经济存在密切相关的新内容。与此同时，需要指出的是，鉴于中国巨大的经济体量、中国领导人设定的经济发展目标和任务，以及所选择的国民经济发展模式，这些全球任务的实现正在成为生死攸关的问题。

按照名义 GDP 计算，中国现在是世界第二大经济体（按照购买力平价 GDP 计算，中国则是世界第一大经济体）、最大的能源进口国，截止到 2017 年年初，中国对石油进口的依赖度超过 64%。2017 年，中国石油进口规模为 4.196 亿吨。而保障中国能源安全，不可能依靠在世界某一个石油生产区域保持持久存在。比如，像俄罗斯这样的石油大国，其 2017 年的出口总量也仅约为 2.57 亿吨。

石油并非中国高度依赖外部世界的唯一原料，中国经济还依赖错综复杂的全球经济联系体系和可靠的交通线路。2016 年，中国进口铁矿石总量为 10.75 亿吨。2015 年进口的铁矿石满足国内约 80% 的需求量。同一时期，最大的铁矿石生产国澳大利亚，开采出 8.25 亿吨铁矿石，而第二大铁矿石生产国巴西则开采 3.5 亿吨铁矿石。中国消耗了世界三分之二的铁矿石产量。

中国对其他资源的进口依赖度也不断上升。比如，2017 年，中国对天然气进口的依赖度已超过 35%，并且随着中国进一步将电力转为天然气发电，对天然气的进口量将继续快速增长。在对木材消费需求依赖度越来越大的情况下，中国实际上完全依赖进口林业资源。未来，可以预计其他产品的进口量也将快速增加，包括粮食。中国达到当前消费水平时，其经济尚处于相对较低发展水平，按照购买力平价计算，当前中国的人均 GDP 仅相当于俄罗斯的 57%（来自国际货币基金组织 2016 年的统计数据）。

要想达到西欧和美国等发达国家的水平，中国的人均 GDP 需要再扩大约两倍。相应地，中国对资源的需求增长，未必能通过采用新技术和提高能效来满足。中国进入世界发达经济体行列，意味着世界市场的争夺将进入新阶段。中国应该基于本国品牌的研发，转向出口本国跨国企业生产的高科技产品。目前福布斯前 100 名最具价值品牌排行榜中，中国仅有一个品牌"华为"上榜，而韩国就拥有"三星"和"现代"两个品牌。

中共十九大提出将中国建设成为一个具有巨大综合和经济潜力的大国，这意味着中国将进行人类历史上最大规模的世界市场再分配，其影响程度远超过日本和韩国成长为工业强国时期的水平。20 世纪六七十年代，日本和韩国的工业崛起导致欧美国家的部分工业领域的大型产业被破坏（如民用造船业），其他行业领域也陷入持久的危机状态。人口规模超过日本十倍的中国，达到类似的发展水平，将会导致一系列后果，包括有可能给传统世界经济中心造成深刻影响。此外，为实现这一目标，中国已经成为最大资本输出国，未来中国还会转变为世界范围内所有经济领域的最大投资国，确保本国进入世界市场。

投资的增长也将保护投资的问题彰显出来。根据《中国全球投资追踪》数据，截止到 2017 年年初，中国海外累计直接投资已达 1.65 万亿美元。这些资金中的相当一部分投到非洲、中东等不稳定地区。投资有助于中国更轻易地进入海外重要市场，掌控原料来源，以及解决国内产能过剩问题。保护这些大型商业是一项不容易的任务，中国逐渐提高政治和军事能力来完成这项任务。

比如，截止到 2015 年，仅在非洲的中国工人数量已经超过 30 万人。分布在发展中国家的如此众多中国人的安全，正成为越来越严峻的问题。21 世纪前十年，无论是出于刑事犯罪，还是种族和宗教原因，中国的海外劳工越来越多地遭受袭击的情况已经凸显出来。2012 年，在苏丹工作的 29 名中国工人被绑架后，中国媒体"财新"列举出最近五年中国劳工遭到袭击的 13 起事件，这些事件中有超过 100 人受伤，14 人遇难。从 21 世纪前十年中期开始，中国不得不经常从遭受战乱和自然灾害的海外国家撤出本国公民。2006—2010 年，中国总共撤出 6000 名本国公民；而在 2011 年，中国就从处于"阿拉伯之春"乱局的中东地区和遭受地震的日本撤出 4.8 万名同胞。

除商业利益遭受威胁外，中国也面临越来越严重的国际恐怖主义威胁。叙利亚内战引发的中东地区不稳定，导致该地区出现来自中国新疆维吾尔自治区的有组织的宗教极端分子武装。叙利亚政府曾评估过，在伊斯兰极端分子团体内参与伊拉克和叙利亚战争的中国公民达 5000 人，尽管这些评估可能有夸大的成分。

近几年，中国对安全问题的解决办法之一就是组建若干个西式大型私人武装公司，为中国海外企业提供安全保障服务。据了解，2017年春，美国知名私人武装公司 FSG Security 及其负责人埃里克·普林斯，受邀为中国组建保护在阿富汗、缅甸等不稳定地区中国企业和公民的私人武装公司提供咨询服务。未来不排除这些机构扩大在世界其他地区的活动范围，包括非洲国家。预计，中国私人武装公司将对落实"一带一路"倡议框架下的项目提供支持。普林斯认为，"一带一路"项目的前景非常广阔，以至于他在一家为企业培养安保人员的中国机构获得 25% 的入股份额。

在保障安全进程中最引人瞩目的是军事领域。中国有计划地打造起一支强大海洋舰队，且有能力保持全球存在。到 21 世纪初，中国海军建设长期以时任中央军委副主席刘华清在 20 世纪 80 年代提出的构想作为蓝本。根据这一方案，中国海军建设只要求在第一岛链和中国毗邻的近海占据优势，中国海军未来将把活动范围扩大到第二岛链（小笠原群岛—马里亚纳群岛—关岛）。与毛泽东时期奉行的"防御性国防"和重点着眼于保护自己的边境和守卫沿边岛屿的构想相比，目前的这些军事建设构想已经迈出重要一步。

中国已经着手打造一流大洋舰队，其目标是海军主战水面舰艇数量仅次于美国，这意味着 21 世纪的形势已经发生变化。

从 21 世纪初起，中国开始建造一系列比较先进的大型水面作战舰艇，既有在俄罗斯专家帮助下研发的，也有自主研发的。航空母舰建造项目进入实际操作阶段：21 世纪前十年中期，中国开始舾装从乌克兰购买尚未建造完的苏联航空母舰"瓦良格号"（2012 年"瓦良格号"

改造的"辽宁号"航空母舰列入中国人民解放军海军序列)。[①] 目前还有两艘航空母舰处于不同的建造阶段，未来正式服役后，中国的航母数量将超过英国，成为仅次于美国的世界第二大航母国。有关中国建造航母计划的公开消息显示，中国准备继续建造航母，下一步将把带有滑跃式甲板的苏式航母，转为建造使用核电装备、电磁弹射、排水量更大的美式航母。

> 资料：21 世纪初，中国着手建造第一批装备远距离现代对空导弹的驱逐舰，用于远离本国海岸地区开展军事行动。21 世纪第二个十年前期，中国的防空作战舰船数量已经超过 20 世纪 80 年代的苏联：苏联最多同时建造七艘类似装备的舰艇。中国已经着手建造大型驱逐舰，其功能与能力足以与美国装备先进的"宙斯盾"战舰相匹敌。

2015 年 7 月，中国首艘机动登陆平台舰"东海岛"号移交给中国海军，仅比美国同类军舰服役晚两年，这表明中国军队为大规模远距离行动做准备。这是全新的一流保障舰，其设计参照美国"海上基地船"概念，让中国可以在远离本国基地和没有岸基设施支持情况下，实施海军远距离登陆行动。[②]

---

① Кашин В.Б. Развитие ядерных сил Китая: начало глубокой трансформации//Контуры глобальных трансформаций: политика, экономика, право. 2016. Т. 9. № 4.С. 76–93.

② Кашин В.Б. КНР и «Третья стратегия компенсации» Министерства обороныСША// Вестник Московского университета. Серия 25 «Международные отношения и мировая политика». 2016. Т. 8. № 3. С. 52–71.

资料：机动登陆平台舰有助于在开放海域将任何种类货物由传统（军用和民用）运输舰转移至特种登陆艇。其目标在于为支持登陆部队实现货物连续由一半运输舰船转运至缺少相关设备的海岸。如果登陆地点距离本国基地仅为几十或者几百海里，这一平台舰的使用没有任何意义，因为在这种情况下可以使用大量登陆艇、小型登陆船和一定数量民用船只，直接由本国港口向登陆海岸运送货物。如果机动登陆平台舰仅用于几百人部队的小范围登陆，那么这种平台舰也没有必要打造，因为专业登陆舰就够用。发展机动登陆平台舰技术展现出中国获得在远距离部署拥有几千名军人部队，并开展积极军事行动的决心。

实际上，中国海军的登陆作战力量已经超过 20 世纪 80 年代的苏联海军。比如，中国海军已经接收四艘直升机船坞登陆舰，其总数不少于六艘。苏联海军在其实力鼎盛时期，仅拥有三艘能够搭乘直升机并装备船舱的登陆舰。中国拥有 29 艘各型登陆舰，且排水量更大。如果说早期型号在主要指标上与苏联大型主力登陆舰相似，那么后期型号的排水量已经大大超过苏联的登陆舰，并能够搭载直升机。[①]

中国特别重视发展补给运输，以便支持海军在远离本国基地开展行动。中国海军拥有十多艘排水量超过 2 万吨的补给运输舰，同时正

---

① Кашин В.Б. Промышленная кооперация—путь к сопряжению российской икитайской экономик//Валдайские записки. 2016. № 4 (44). С. 1–16.

在建造首艘巨型（排水量超过 4 万吨）运输舰。中国积极准备登陆行动，不仅是建造大洋海军舰队的考量。

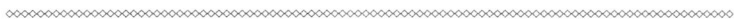

***

资料：2016 年军改框架下，得益于部分陆军部队划入海军或与海军结合在一起，中国海军的兵力有较大增长。中国军用运输机发展迅速，已经成功研发并掌握成批建造本国重型军用运输机"运—20"的能力。中国在吉布提建设首个海外长期使用的基地，拉开中国构建全球军事存在基础设施的序幕，该基地 2015 年动工，2017 年年初建成。尽管中国仿效苏联，将该基地称为物质技术保障点，实际上这是拥有发达基础设施、防御系统的大型基地，可以留驻几百名士兵和 2—3 艘大型作战舰船。[1]

***

可以预期，未来中国将进一步扩大在世界重要战略位置建设军事基地的实践。尽管自 20 世纪 80 年代末以来，中国军队没有参与任何大规模的军事行动，不过从 21 世纪开始，中国军队有计划地积累在气候、文化与中国全然不同的遥远地区执行任务的经验。在联合国安理会五大常任理事国中，中国参与维和行动的人数最多。截止到 2016 年上半年，有 2883 名中国官兵同时参与十场维和行动。数万名中国军人在积极参与此类行动期间，获得相应的经验。

---

[1] Кашин В.Б.О потенциальном влиянии американской третьей стратегии ком пенсации на развитие стратегических ядерных сил КНР//Проблемы Дальнего Востока. 2017. № 3. C. 109–118.

四、中国与“软实力”政策

中国领导人习近平向本国和国际社会提出“中国梦”理念。将“中国梦”和“美国梦”两个版本进行对照，反映出中美在意识形态价值观方面的深层次对立。中国似乎也有两种版本“梦想”：一种是面向国内的版本，主要强调实现反腐背景下的社会公正与富裕、维护良好生态环境、发展民主化，以及达到中等富裕水平；另一种版本主要面向海外华人，涵盖全世界的华人华侨和数百万未必认同共产主义却忠于“大中华”复兴的同胞，甚至还包括世界的其他国家。

2012 年 11 月 29 日，习近平主席在国家博物馆参观“复兴之路”展览时，第一次阐释了“中国梦”的概念，还谈到“中国人民的民族耻辱”，指的是一百多年前，西方列强发动“鸦片战争”并强加“不平等条约”，使中国没能实现国家复兴的梦想。部分中国学者则进一步提及中国与很多国家在许多问题上存在的“历史旧账”，包括领土问题。顺便说一句，这张历史账单中，除英国、法国、德国等传统殖民列强外，还包括沙皇俄国。

换句话说，“中国梦”和“中华民族复兴”思想的历史叙述部分，将会有意无意地燃起中国人的某种屈辱感。如果同意中国将所有苦难主要归罪于西方的基本出发点的话，那么经验不足的读者就会自然而言地产生一个问题，即今天的中国是否已经原谅过去的殖民列强？中国领导人是否会借“历史屈辱”为由惩罚外国人？尽管这个问题只是一种叙事式的，但考虑到中国日益增长的经济和军事力量，这一问题确有一定的现实意义，特别针对"曾经犯过错的外国人"而言。

当然，这里并不是为殖民主义在中国或者其他国家的存在进行辩护。显然，西方列强给中国人民造成巨大损失，并带去许多灾难。光从事鸦片贸易的东印度公司就给中国造成数亿人口和大量财物的损失。

更为重要的是，中国领导人将"中国梦"思想与验证过的"软实力"概念融合起来，旨在磨平尖锐的"历史棱角"，包括塑造正面的国际形象。中国外交的主要特点是广泛使用与周边国家共同文化的潜力。中国还致力于构建新型地区一体化，即在贸易、能源和基础设施联系和相似的历史和文化要素的基础上构建亚洲共同体。这种一体化的关键理论基础是一系列新的社会文化和国家形象概念："中国梦""亚太梦""新型大国关系""命运共同体"，其目的是巩固与亚洲邻国的相互信任，以及塑造中国的新形象。

20世纪90年代至21世纪初的这段时间，中国发表的学术文献开始强调在这样或那样的背景下使用"软实力"政策的可能性。21世纪前十年后期，中国积极拓展这一概念的内涵，其依据是中国现代化取得的成绩和本国的丰富文化。①

"软实力"概念早在2007年召开的中共十七大中国领导人提出的国家发展战略中就得到体现，当时胡锦涛在报告中提出提升国家文化和外交"软实力"的论述。"软实力"概念在社会和谐思想中也得到体现，

---

① Лю Цзайци. Внешняя политика КНР и перспективы китайскороссийских отношений// Мировая экономика и международные отношения 2004. № 9. С. 84–90.

构建和谐社会成为中国的一项国家基本任务。①

中国"第五代"领导人执政后，基于"软实力"和"中国文化走向海外"原则，通过人文技术推动实施的影响力战略，越来越明显地成为中国展现国家实力的工具。

中国每年在"外宣"上（包括借助孔子学院、媒体、多语种电视传播等渠道传播中国文化、历史、经济发展模式等知识）投入100亿—125亿美元，旨在消除邻国对中国军事工业增长的担忧。此外，中国领导人意识到，要想成为地区和全球领导国家，需要结交更多伙伴国，既要通过经济联系，也要依靠时间、风俗习惯和社会文化中的共同性，来巩固与这些伙伴国家之间的合作。中国发展自身的同时，也培育对外伙伴环境，并且有针对性地、不间断地开展这项工作。"一带一路"沿线国家，被视为中国打造对外伙伴环境的重要组成部分。如果这种对外伙伴环境被成功构建起来，那将成为中国推进"软实力"的成果。

落实"一带一路"倡议有助于切实推进中国社会经济发展模式转变。强国对任何国家密集的经济渗透，必将带来文化、世界观的渗透。新丝绸之路完全可以成为中国的"软实力"延伸动脉，通过对发展中国家具有吸引力的社会经济发展模式作为形式，向邻国扩散。就中亚和其他地区的国家而言，"一带一路"可能有助于参与项目的国

---

① Регзенова Д. Б/О. Исторический опыт стратагемности и принципа «мягкойсилы» в социально-экономических реформах Китая//Научная электронная библиотека диссертаций и авторефератов. URL: http://www.dissercat.com/content/istoricheskii-opyt-stratagemnosti-i-printsipa-myagkoi-sily-v-sotsialno-ekonomich-eskikh-refor#ixzz498V3wg5n.

家与中国构建起忠诚关系，并且在可预期的未来还将成为制约美国可能试图要求这些国家推行反华路线的因素。

鉴于以上所述，从俄罗斯国家利益层面来看，有必要采取措施平衡中国的"软实力"影响的范围，以及维持俄罗斯在中亚地区的人文存在。文化、人文合作的投入远小于经济协作的成本，同时人文和经济合作也能变得更高效。俄罗斯需要在中亚地区维持正面形象，以免失去在该地区已经拥有的社会文化影响力。

鉴于此，俄罗斯科学院远东研究所专家萨弗伦诺娃指出："对中国而言，软实力已经不是以中国思想模式和行为方式的吸引力，来驱动伙伴国家自愿追随中国意志的文化、人文驱动力集合，而是实现构建'新文明'长期战略目标的机制！但是，假如中国现在给软实力赋予有意图的意识形态目标的话，那么将会在诸多方面给伙伴关系带来麻烦。目前，关于成为中国庇护下的'全人类新文明'组成部分的前景，还没有对世界其他行为体产生吸引力。"①

中国基于"一带一路"构建"全人类新文明"的思想，目前看起来只是一种推测，与现实相去甚远。从实践层面来看，让中国倡议免受不断增长的恐怖主义和极端主义威胁等问题，并未得到很好解决。中国拥有的资源显然不足以完全阻止国际恐怖主义的潜在威胁与挑战，尤其考虑到伊斯兰国（该组织在俄罗斯被禁止）武装分子向阿富汗和"一带一路"沿线地区的渗透。目前中国和"一带一路"参与国

① Сафронова Е.И. Стратегия «Один пояс, один путь» как носитель «мягкой силы»Китая// Новый Шелковый путь и его значение для России/под ред. В.Е. Петровского (отв. ред.)，А.Г. Лариной (сост.)，Е.И. Сафроновой. М.: ДеЛи плюс, 2016. С. 108.

家，尚未就哪一方在什么条件下提供安全保障问题，进行有针对性的讨论。

中国已经确立本国发展的时间坐标（目标）和预计的大事件：（1）2021年建党一百周年，计划实现人民"小康"；（2）2049年中华人民共和国建立一百周年，建成富强大国。

俄罗斯学界对俄中跨文明协作的总体性/经典性评估，有一定的学术性论述。列举几项与本领域相关的研究成果，具有一定的意义。

俄罗斯科学院远东研究所的著名汉学家米亚斯尼科夫院士认为，俄中两个独立文明处于"平行"发展态势，两国间既有关系友好，也有关系"冷淡"的时期。这一观点始终贯穿在他的七卷本个人著作中。①

一些俄罗斯专家认为，中华文明的特点始终与"中国中心主义"概念联系起来，认为在过去围绕中国天朝有很多藩属民众和国家。与此同时，中华文明本身并没有建立世界或欧亚帝国，以及其他帝国的经验。米亚斯尼科夫的研究特点是立足于历史论据，不强调这样或那样的意识形态束缚。

另外一部分俄罗斯学者则一直强调文明中的意识形态成分，并将其作为主要因素，特别是在分析现阶段中国发展特征的时候。

大家都知道，文化背后总是隐藏着政治与意识形态的内核。另一个问题是如何阐释意识形态和实践在中国传统文明中的地位。

俄罗斯科学院远东研究所季塔连科院士始终认为："中国客观上

---

① Мясников В.С. Кастальский ключ китаеведа. Соч.: в 7 т. М.: Наука, 2014.

扮演着社会主义文明新模式继承者和载体的角色。"他在一系列有关"软实力"的演讲中指出："传统文化是中国综合国力的组成部分，确保……抵御外部宣传和渗透。"①

著名的政论家亚历山大·普罗汉诺夫也指出："中国所有可预期的行动和创新，都涵盖在中国社会主义的提法里。"他认为，习近平提到的"社会主义"是一个关键的、决定性的词汇。他强调："中国是社会主义大国……习近平将带领社会主义中国大步跨进世界文明。"②

俄罗斯科学院远东研究所的中国问题专家加连诺维奇，对俄中两国跨文明关系有着自己的见解。他认为，中国社会舆论中仍然存在对俄罗斯的历史要求（领土等方面），这会破坏两国和两国人民间的互信，导致俄中两国实现完全互信将十分复杂。与此同时，他也强调，中国的例子让我们看到一个和平的大陆文明正在转变为未来寻求主导世界海洋的"海洋文明"。③

更有意思的评价来自卢金主编的一本集体著作《俄罗斯与中国：四个世纪交往史》。④ 该书展现出四百多年来，俄中两大文明和国家之间的广阔互动图景，并确立出两大文明相互接触和共同发展的历史

---

① Титаренко М.Л. Китай: цивилизация и реформы. М.: Республика, 1999.С. 159–228.

② Проханов А. Штрихи к портрету председателя КНР Си Цзиньпина//URL:http://www.odnako.org/blogs/shtrihi-k-portretu-predsedatelya-knr-si-czinpina/.

③ Галенович Ю.М. «Великое возрождение» и «морская цивилизация» Китая//URL: http://svom.info/entry/353-velikoe-vozrozhdenie-i-morskaya-civilizaciya-kitay/.

④ Россия и Китай: четыре века взаимодействия. История, современное состояние и перспективы развития российско-китайских отношений/под ред. А.В. Лукина. М.: Весь Мир, 2013.

"节点"。书中既没有忽视对意识形态问题的探讨，也没有过分夸大成分。该书心平气和地将意识形态纳入普遍性文明范畴（中国和俄罗斯），既没有多余的辩驳，也没有刻意强调。这样的平衡态度，有助于史实观照当下现实，包括当前俄中文明协作的构建，以及欧亚经济联盟与"丝绸之路经济带"在欧亚地区的对接进程。

总结俄罗斯学术界的争论，应该指出的是，俄中两种文明（就宗教、文化、历史和民族上而言）有着不同的根基。它们在文化人类学上是很难互相融合的。众所周知，16—17世纪，俄中两大文明在西伯利亚和远东的广阔空间相遇。第一次官方接触（《尼布楚条约》）是发生在比较对立和紧张的氛围中，但并没导致大规模战争。相反，四百多年的互动形成了俄中之间相互妥协的共存模式，而近三十年来更是将两国之间的战略协作伙伴关系推向高水平。

如果要分析中华文明的"内核"，需要强调这一文明具有强大生命力，缺少先天的侵略和冲突"基因"。俄罗斯文明也没有（既包括帝国时期，也包括之后的时期）追求世界霸权的野心（除20世纪20年代布尔什维克和共产国际寄希望于世界社会主义革命的短暂时期外）。实际上，两种文明平行发展，各自拥有地方性或地区性的文化与经贸互动区域（历史上的"茶道""丝绸之路"等）。

与此同时，四百多年来，两大文明或政治体系之间并没有发生深度融合的交流。21世纪以来，双方都保留着自己的独立自主性。中国提出"丝绸之路经济带"的宏伟计划，理论上应该涵盖整个欧亚地区和部分欧洲区域，即从太平洋到大西洋的广阔空间，也不太可能破坏俄罗斯的独立自主性。目前，我们还不能确定无疑地讲，中国正在进行有准备的"文明扩张"，而更可能地应该谈及中国经济（物流、投资、贸易等）开始"走出去"。

大家知道，中国与俄罗斯的政治和意识形态制度截然不同：中国是"中国特色社会主义"，而俄罗斯是国家资本主义。与此同时，制度和意识形态的差异并没有阻碍两国维持高水平的政治协作和互信。我们认为，这在很大程度上是由当前国际和地缘政治因素（对抗美国、相似的世界秩序观等）造成的，而不是历史和文明因素所致。

"中国梦"思想有机地迎合了千百万中国人民的期待和愿望，因为这一问题的提出与每一位中国人深藏内心、久未实现的愿望不谋而合。这些愿望涉及面很广，从个人富裕到"民族历史复兴"和中国主导世界的集体需求。中共十九大上，习近平试图强化意识形态成分，将"中国梦"与继续发展"中国特色社会主义"结合起来。对多数普通民众而言，可能这一论断是明确的，且是现实可行的。与"社会主义"（中国特色）的范畴相比，中国人对"中国梦"的理解更加宽泛，它是中国崛起的全民族和个人项目的体现。

对中国而言，问题在于当前海外对"中国梦"有许多不同解读，且并不总是对积极构建中国正面形象有利。作为西方各种解读方式之一的"历史版本"，其假设未来西方和中国可能将在这一新主张的推进过程中发生冲突。

"中国梦"的另一面间接地与"美国梦"相关。显然，"中国梦"是另一种"个人成功"的理念，自然，世界各国还不能完全理解这一点。美国的人生观很容易理解：实现个人目标，首先是物质上的需求、富裕和个人主义。在中国可以找到千百万人符合这一标准，因为自由主义思想和西方价值观念在中国迅速壮大起来。

中国思想家解释"中国梦"的价值在于，吸收进有关全人类价值观的中国传统思想精华的论述，包括重点强调精神（和谐）本源、社会价值优先等。

显然，两种版本"梦想"的对照，反映出中美之间更深层次的对立。我们看到，中国正在成为举世瞩目的大国，并将改变"旧的"美国霸权。不难理解，在中国的大国模式中，习近平提出的"中国梦"将会在一定时期里承载着意识形态和价值观的重担，这是中国模式应有特征之一。

部分西方学者引用习近平准备"打赢局部战争"的讲话，认为近期中国很有可能加入"中国梦"的军事内容。另一些学者则认为，民族主义的前景更加危险，他们强调在某一阶段"中国特色社会主义"将不再发挥作用，"国家将面临选择：要么走西方自由主义道路，要么走民族主义道路"。在他们看来，后一条道路不可避免地被重复，因为学者们认为，对中国共产党的领导人而言，民族主义优于西方自由主义。

上述这方面的观点反映出学者们之间存在不同意见。目前很难说，将来会出现中国领导人所期待的局面。民族主义很有可能不会成为中国新一代领导人的主要执政资源。"中国梦"很有可能将保留一整套某些国内、国外特征和价值取向，它们要能够体现出中华文明的传统特点和四十多年经济改革成功所形成的现实状况。

五、结论与建议

在社会意识、执政党和商业精英层面，中国已经摆脱将本国视为无力推动全球倡议的弱国的惯性认知。习近平主席正式提出"四个自信"方针：中国制度自信、发展道路自信、中国特色社会主义理论自信和中国文化自信，进一步推进中国内政外交现代化。中国在保留1949 年确立的国家政治外貌的同时，也极大地改变了其内容，复兴了千年历史文化和文明价值，并将其融入当前经济崛起和获得世界地缘政治领导地位的任务之中。

经过实践检验和政治演进，近年来中国正式向世界提出中国的全球治理方案。这一方案没有涉及政治干涉，而是聚焦经济问题，强调在共同推进全球经济和消除贸易、投资壁垒基础上寻求共同立场。中国试图提升其在世界金融经济体系中的地位的努力表明，有必要在讨论全球问题时，捍卫发展中国家的利益。

对俄罗斯而言，以不干涉、尊重其他价值观和传统为基础的中国全球治理观，让双方更容易接近，并互相理解。俄罗斯与中国共同参与部分机制的变革和发展，包括维护联合国安理会五大常任理事国的否决权、上海合作组织发展与扩员、扩大金砖国家合作议程等。俄罗斯还支持中国增加在国际货币基金组织和其他国际组织内份额的建议。

中国不断变化的世界地位，给自身安全带去潜在的新威胁。与过去不一样的是，这些威胁不仅指向中国本土，也针对其在世界范围内的经济和政治存在，它们对中国经济生存至关重要。21世纪以来，中国不得不有计划地提升包括军事领域在内的各领域潜力，以应对这些威胁。从21世纪第二个十年中期开始，中国国力增长明显，引起世界的普遍关注。然而，中国保障其全球利益安全的战略是否有效尚待检验。

习近平执政时期，中国"软实力"政策也发生了一定变化。中国不仅争取将自己的思想输送到外部世界，同时还谋求"外国人正确理解中国"。2014年3月，习近平主席在巴黎庆祝中法建交50周年时，提到拿破仑将中国称为"睡狮"的话，"一旦它醒来将震惊世界"。习近平谈道："中国这头狮子已经醒了，但这是一只和平的、可亲的、文明的狮子。"①

目前，中国正在推进2013年提出的构建"人类命运共同体"理念，当时主要针对非洲和拉美国家。中国强调遵守平等原则，致力于共同协商合作规则，保持开放和包容，承认文化和发展道路多样性，这对俄罗斯和其他感兴趣的国家而言，是一种积极表态。中国主张共同承担责任，共同推进政治、经济和文化合作，包括建立"核安全命运共同体"。从人文、经济和国家安全的角度来看，中国的主张对俄罗斯并不构成威胁和挑战。相反，与美国强硬的、进攻性的、基于全球弥赛亚使命（推广美国价值观、政治标准等）的反俄政策，以及不容忍其他政治经济和文明发展模式而言，中国至少提供了一种替代性选择。在西方强化制裁并在各条"战线"（经济、

---

① 转引自 Ломанов А.В.Новые концепции китайской внешней политики. С. 16。

安全、文化、体育等）对俄罗斯悄然发动冷战的背景下，中国提出
的共同体理念，不会与俄罗斯或欧亚文明的独立自主性及其优先方
向相矛盾。

第二章

中国—俄罗斯—西方：世界地缘政治的中心

一、中国与美国：相互依赖与竞争

当今的中美关系，正平稳地转向"美式"与"中式"世界间的多层次争斗，这种争斗正在世界经济、地缘政治和文化领域上演。围绕美国（自由主义）体系和"中国特色社会主义"模式发展前景的战略性问题，逐年变得尖锐。谁将会成为这场争斗的胜利者，未来又属于谁，都是可以讨论的开放性问题。

近三十年来的中美关系模式，是在中国不断发展和美国相对衰弱的背景下形成的。很显然，除双边层面外，"中美"模式还具有全球性特征，对世界经济和国际政治发展趋势会产生实质性影响。考虑到各方地缘政治和地区层面的野心，可以说，当下中美关系发展的成功与否在很大程度上将决定着未来全球经济和政治的稳定性。

实际上，两个超级大国之间的相互联系架构中，已经构建起新的后两极世界的发展议程。但是，这一议程具有何种性质，双方关系发展又将会走向何方（互相依赖还是冲突），这些都是难以预测的问题。从发展前景来看，2018 年中美两国构建起来的关系架构，就涵盖上述两方面问题。对哪种方向会更占优势的回答，不仅中美两国感兴趣，直接或间接与中美两个大国及其国家战略特点相关的几十个国家，也都感兴趣。

在中共十九大的报告中，习近平主席一次都没有提及具体国家的名称，包括美国。不过，从报告中国际问题部分的提纲性质和内容来看，以下几方面是显而易见的。

第一，改变了过去党代表大会文件的传统叙事分布，特别是关于中国与其他发达国家、邻国和发展中国家关系的表述。中国将过去与发达国家关系的表述，替换成"大国"关系话题，并置于对外关系的首要位置。通常，"大国"关系指的是中美关系问题。在这方面，中国提出发展协调、稳定和均衡的合作关系。删掉有关与发达国家关系的表述，可能是一种间接性的指向，表明中国在一系列领域不再视自己为落后国家。

第二，列举出现阶段存在的不稳定和不确定因素，包括全球经济增长动力不足、贫富差距扩大、区域热点问题频出、恐怖主义、网络安全、危险的传染病和气候变化等。值得注意的是，中共十九大报告删除了之前报告中出现过的"霸权主义"和"新干涉主义"表述。与此同时，仍然重点谴责强权政治。

第三，习近平主席在十九大报告中谈道：没有哪个国家能够独自应对人类面临的各类挑战，也没有哪个国家能够退回到自我封闭的孤岛。这里能够看到，中国既坚持集体行动战略，又对西方孤立主义，特别是特朗普的方针进行隐晦批评。

不言而喻的是，多数中国专家都关心中美关系问题及其发展前景。中国长期对该问题进行密切跟踪研究。2010 年，来自中共中央党校的宫力教授提出一个关键性问题：谁对发展中美关系更感兴趣？他提出："由于经济全球化的深入发展，中美之间的相互依存度已经越来越高。就目前而言[①]，美国有求于中国的地方多于中国有求于美国。美国现在可谓问题缠身，国内高失业率、高赤字、低增长……"[②] 值得注意的是，在"谁更需要谁"的相互关系中，特朗普时代的形势与奥巴马总统任期相比，并没有发生本质性变化。

上海国际问题研究院的重量级学者杨洁勉指出，中美关系的双重性趋势正不断强化。他认为，一方面，"共同应对全球问题和热点问题已经成为两国开展共同行动的动力"。另一方面，"……两国在地区和全球层面呈现出越来越多的互疑态势。中国对美国在其西部和东部周边地区的军事部署保持警惕，担心美国在美元和债务方面可能会不负责任……"[③]

杨洁勉真实地指出了中美关系存在的不平等问题。他认为："中

---

① 指 2010 年。——作者注

② 宫力：《美国的"霸权焦虑"与中国的应对方略》，《现代国际关系》2010 年第 11 期。

③ 杨洁勉：《新时期中美合作的动力和阻力——新兴大国和守成大国的对弈》，《国际问题研究》2010 年第 5 期。

国在构建双边和多边关系、要求获得平等地位方面的积极性明显提高……美国与中国发展关系过程中，仍然按照过去的思维和实践行事，而在改变互动模式方面，美国的行动显然是不合理的。"①

俄罗斯专家学者也从不同角度对中美上述"阵仗"展开研究，也存在不同的看法。在分析当代超级大国现象方面，俄罗斯科学院普里马科夫世界经济和国际关系研究所的加吉耶夫教授提出一种重要看法。他指出："美国的超级大国地位，使其企图打造所谓的单极世界秩序，这种秩序不仅以前所未有的经济和军事政治实力为基础，还基于其他世界政治行为体未能对华盛顿的野心进行应有的抵抗。"②

虽然当前俄罗斯和中国对美国进行间接性的抵抗，但都是在本国优势领域之内展开。俄罗斯在区域安全领域，特别是叙利亚问题上；中国则在全球金融一体化和区域化领域。这种抵抗趋势显然不断发力。众所周知，俄中两国与其他欧亚国家一道，在中国倡议的"一带一路"，及其与欧亚经济联盟对接合作、上海合作组织发展与扩员、哈萨克斯坦的"光明之路"计划等框架内，积极推动构建"大欧亚"。实际上，这就是抵抗美国超级大国地位的举措之一。

俄罗斯的汉学家特别重视研究中美对话。俄罗斯科学院远东研究所的重量级中美关系专家达维多夫，指出了决定中美关系模式内涵的两组变量：多重矛盾、分歧和一系列制约性因素。

---

① 杨洁勉：《新时期中美合作的动力和阻力——新兴大国和守成大国的对弈》，《国际问题研究》2010 年第 5 期。

② ГаджиевК. Сверхдержавность: уходящийфеномен XXI века?//Международнаяжизнь. Проблемывнешнейполитики, дипломатии, национальнойбезопасности.2017. № 9. С. 79.

他列举出 2015 年（特朗普当选前）两国之间存在的六大关键性"不一致"矛盾：

（1）金融与经贸的差异：美元与人民币汇率，以及美国与中国贸易赤字问题；美国限制向中国转让"两用"和高新科技型产品技术；能源竞争。

（2）政治意识形态的分歧：美国呼吁中国政治制度民主化，切实推动多党制、自由选举；对未来世界秩序模式的意见分歧。

（3）地缘政治竞争：全球利益和亚太、中东、非洲、拉丁美洲等地区一系列利益的再分配；打造竞争性的区域和跨区域组织；争夺对东盟的影响力。

（4）战略与军事层面的矛盾：解决地方、区域和一些全球性问题方面存在的观点分歧；中国台湾、朝鲜半岛问题；领土争议地区的矛盾……中东地区的分歧，中国认为其在本地区石油领域的利益受到挑战；美国亚洲导弹防御系统对中国安全构成的威胁；战略及核武器问题的分歧。

（5）外交上的分歧：在联合国和其他国际组织就维护世界和平的一系列关键性问题上存在不一致意见。

（6）其他分歧领域，包括生态、人文领域，涉及人权、知识产权保护、网络空间对抗、文化和思维层面的差异。①

如果将达维多夫教授分析的 2015 年中美关系模式存在的矛盾与 2018 年的现实情况进行对照的话，那么，显而易见的是主要冲突态

---

① Давыдов А.С. Пекин, Вашингтон, Москва. Взаимоотношения в контекстетрансформаций глобальной архитектоники. М.: ИДВ РАН, 2015. С. 318–319.

势完全吻合或者还有加剧之势——在"朝鲜问题"、中东（叙利亚）和其他问题上。

至于制约性因素，达维多夫指出如下方面："相互关系步入危险境地的情况下，双方都担忧遭受不可挽回的损失；双方倾向于用和平手段优先解决出现的新问题；达成不倾向于使用武力方式解决问题的共识……"他还指出："这种克制的心态源于双方的相互依存，以及有意维持任何情况下的正常关系，这种关系受到经贸、生产技术协作和紧密的财经关系相互交织的制约。"

由 2015 年的制约性因素构成的图景，几乎与 2018 年的情况完全吻合。唯一的例外是，在两国关系这样或者那样的问题上，特朗普总统与前任不同，表现得更加强硬和情绪化。与奥巴马相比，在特朗普的主观性阐释中，"武力方式是不适宜的"共同理念，好像要少得多。与此同时，中美之间的技术和经贸的相互依存性依然存在，并呈现增强态势。达维多夫提出的中美结构模式，可以作为当下和近期观察中美关系的基本出发点。

第一个趋势——相互依赖，与近 30—35 年间建立的高水平双边经贸和投资联系相关。2017 年，在中国不断获得大量贸易顺差的情况下，双边商品与服务贸易和投资的总额超过 7500 亿美元。美国市场吸收中国总出口约 23% 的份额，是中国电子产品、黑色金属、机械和服装进口的主要消费国。在美国 GDP 下降 1.5% 的情况下，当下中国经济对美国市场的依赖性也使其对美出口下降 4%—5%。

中国继续积极购买金融国债（2017 年购买额达 1.3 万亿美元）。同时，2017 年在美国运作的中国基金"中国投资集团"，获得 112 家美国大型企业的大量股份。美国还出现一套为中国经济利益服务进行游说的精细体系。这个体系拥有强大的政治和金融机制，并获得中国高层的支持。其分布架构大概如下：中国大使馆—贸易委员会和美国社会组织—游说公司。实际上，所有能进入中国市场的美国大公司都是中国的说客，包括"波音""花旗""可口可乐"等。

早在奥巴马任总统期间，美国有关中美关系特殊性的言论，就给北京留下了深刻印象。这种特殊性表现在不断发展的中美关系上，将为 21 世纪世界发展指明方向。中国主张进一步深化与美国关系的想法，还得到在美国和西方国家接受过教育的中国知识精英和年轻人的支持。

然而，在相互依赖不断强化的趋势下，中国也提出竞争性的替代战略。中共十九大之后，中国试图最大限度地利用美国资源，来实现向新的（创新）经济模式转型，这种模式不应该像现在这样过度依赖出口和国外市场。美国则试图借助两国日益增长的相互依赖，将中国经济纳入世界自由主义模式，把中国资本与其他的市场融为一体。在美国看来，中国货币（人民币）的完全自由化有助于华盛顿加速推进这一进程。

2017 年 11 月 8—10 日，美国总统特朗普访问中国期间，双方签署 2535 亿美元的合同，以及 34 项合作协议和意向合同。在达成的协议中，还包括价值 1088 亿美元的 26 项贸易协议和 8 项共计 1447 亿美元的互相投资项目。对中国而言，中石化从美国阿拉斯加州购买液化天然气，并共同参与该州液化天然气生产的交易尤为重要。这个项目能够为美国创造约 7 万个新的工作机会，同时有助于中国每年减少

80 万吨的二氧化碳排放量。

第二个趋势——冲突，主要基于中美日益增长的地缘政治抱负和地区层面的矛盾。尽管双方经济合作的动力保持增长态势，但中国仍将美国视为亚太地区和世界其他地区的主要政治竞争对手。美国对中国也有类似的看法。美国的"圈套"是提议让中国参与"世界治理"，但由于美国领导人的错误（提出 G2 理论），导致并没有制定出在领土争议地区的责任分工，包括奥巴马时期在内。

2017 年，中国开始对全球责任问题提出自己的新看法，并制定出本土版的全球责任构想，且更多地从"对等性"视角去看待这一问题。不仅如此，中国还成功地将自己的看法纳入中美关系模式。2017年 3 月 18 日，美国国务卿蒂勒森在北京表示："两国基于不冲突、不对抗、相互尊重和定期寻求互利解决方案，已经构建起非常积极的相互关系。"① 蒂勒森实际上是一字不差地重复出中国对"新型大国关系"阐释的四方面内容。专家们争论的是，国务卿是无意识的，还是有意识的这样说，以此作为对中国的某种让步，换取中方积极参与朝鲜事务。不管怎样，中国在这个问题上把主动权——对全球责任的阐述——掌握到自己手中。

在此背景下，对两国之间是否存在冲突的问题，美国学界有两种不同的看法。一方面，美国有影响力的政治学家、乔治城大学欧亚、俄罗斯和东欧研究中心主任安吉拉·斯坦恩认为："美国没有任何遏制中国的政策。中国是我们（美国）最重要的经济合作伙伴之一。去

---

① 　转引自 Ломанов А.В. Новые концепции китайской внешней политики. С. 11。

年（2016 年）两国的贸易额达 6000 亿美元……认为美国对中国有某种双重遏制政策的想法，是历史认知的残余。"①

另一方面，美国和欧洲发表的大量文献则提出截然相反的看法。哈佛大学的政治学家格雷厄姆·艾利森认为，两国不可避免地走向军事冲突。他特别写道："当崛起大国威胁到守成大国时，应该敲响警钟：前方危险。如果中美双方不采取制止双方艰难和痛苦的冲突行动的话，那么两国将走向军事对抗之路。"②

两国军事合作是一个易爆的危险"雷区"。对中国而言，美国向台湾供应武器是一个老大难问题。中国领导层对美国部署和扩大萨德反导系统，以及美韩定期军事演习的反应，更是非常强烈。

考虑到中美在核潜力方面的不可比性，中国感到信心不足。中国在两极格局时期已经习惯性地认为，世界秩序建立在美苏相互核威慑基础上。假如俄罗斯逐渐失去其制约潜力，相反，美国则（通过导弹防御系统和其他手段）不断强化核潜力，那么中国理论上可能会陷入以前苏联的境地，将与拥有核武器的美国正面竞争。

在这些情况下，中国完全支持莫斯科在世界范围内强化军事战略存在的方针，包括巩固俄罗斯的三位一体核力量；积极参与叙利亚事务，这个国家实际上是被俄罗斯从伊斯兰国的极端势力和其他恐怖主义活动中拯救出来的。很多中国专家和政治家指出，俄罗斯在中东地

---

① Третья международная конференция «Россия и Китай: к новому качеству двусторонних отношений». Итоги мероприятия/Российский совет по международнымделам. Москва, 29–30 мая 2017 г. С. 25.

② Allison G.Destined for War. Can America and China Escape Thucydides's Trap? Boston; N.-Y., 2017. p. 7.

区取得真正的胜利，不仅是针对恐怖分子的，也是针对美国的。

美国"遏制"中国的政治武器库也足够充足。中国实际上处于被美国盟友（日本、韩国、中国台湾和部分东盟国家），从南部和东南部包围的境地。西部边境还有一个与中国有领土争端的老对手——印度，其与美国保持较好（战略、伙伴）关系。与美国不同的是，中国没有军事政治上的盟友。对中国而言，北方的俄中边界，以及与中亚国家（哈萨克斯坦、塔吉克斯坦和吉尔吉斯斯坦）的边界是绝对安全的。

美国正在试图损坏中国在国际社会中的形象，时不时地散布"中国未来走向世界扩张"的言论。欧洲（欧盟）和其他大陆的一些国家支持这种论调。从某种意义上可以说，中美双边关系正平稳地转向"美式"与"中式"世界之间的意识形态争斗。

美国不打算屈服，中国对此也很清楚，因此，有迹象显示，特朗普总统任期内，冲突将成为两国关系中的主旋律。这并不意味着两个大国将会寻找借口，必然走向公开冲突。但却可能意味着相互不信任和利益冲突的领域（政治、军事、货币和其他方面）将会不断扩大，迟早会改变世界图景。

近十年来，类似的二元性在美国政策中也凸显出来。（小）布什执政时期和奥巴马执政初期，中美关系表现出足够积极和稳定的发展态势。2009 年 11 月，奥巴马访华期间，双方就共同努力解决世界问题达成一致，并强调两国"在亚太地区有着广泛共同利益"。正是在这一时期，包括基辛格和布热津斯基等重量级人物在内的一系列美国政治家提出 G2（中美共同体）构想，即试图与中国就共同管理世界事务达成一致，双方不再耗费力量和资源进行危险性的相互对抗。

中美围绕泛太平洋经济一体化形式的竞争，即美国推动的跨太平洋伙伴关系构想和北京支持与东盟国家、日本、韩国、印度开展合作的方案（区域全面经济伙伴关系），已经成为特朗普执政期间两国争夺亚太区域进程治理领先权的新要素。

华盛顿越来越多地将中国视为国际舞台上的主要竞争对手的同时，也继续对中国推行双重路线。一方面，采取"遏制"中国的强硬方针，阻止其进一步崛起；另一方面，吸引中国参与"美式"全球治理：美国不反对与中国达成协议，使其成为构建双方都满意的世界秩序的合作伙伴。

与此同时，四十多年来，中国经济和综合实力的持续增长，军事潜力的增强，引起美国政界、军界、国会和盟友更大的担忧，特别是日本。

华盛顿特别担心中国在东亚和东南亚地区明显增强的影响力，中国在这些区域已经在经济和政治方面大力排挤美国。中国已经取代美国成为日本、韩国、许多东盟国家和台湾地区的主要贸易伙伴，在亚太区域组织和本地区所有事务中发挥着积极作用。

俄罗斯需要特别关注上面提到的中美关系发展趋势。中美尝试建立"新型关系"，强调两国关系的特殊性，如"世界上最重要、最有生命力和最具有潜力的双边关系之一"。这绝对不是空话，更何况上文已经指出，美国还有支持建立中美"双头政治"的强大势力集团（中国也有类似的势力存在）。

为实现本国的全球治理目标和利益（也包括外交政策的其他基本

方向），中国使用广泛的手段和方法，其中就包括：积极并不断扩大参与全球和区域政治经济组织，包括对制定全球和区域议程具有系统性意义的机制。

在预测近期中美模式发展前景时，我们需要再次关注达维多夫教授的看法。他指出："……华盛顿的政策旨在'减缓'北京崛起的速度，而不是与之产生大规模的冲突，因为经济上美国和中国之间的联系非常紧密。此外，特朗普在中国还有个人商业利益，中国有数十个商标以他的名字命名，他女儿伊万卡也被注册为中国生产的芭蕾舞鞋商标。也正是基于这些因素，中国经济的出口模式也无法让其与美国打贸易战。与此同时，值得注意的是，特朗普任命爱荷华州前州长、习近平主席的私人朋友特里·布兰斯塔德为新任驻华大使。最终……美国的许多政策将取决于特朗普采取的内外行动。它会足够灵活吗？是否愿意妥协或是继续强硬？他的这种固执可能会恶化局势，并导致被弹劾。"①

二、"旧欧洲"与崛起的中国

欧洲（欧盟）过去和现在都是"西方"概念的组成部分，当前欧洲正处于一个艰难时期。作为世界有影响的中心之一，同时拥有巨大的经济和科技潜力，欧洲受到几种毁灭性趋势的影响。

---

① Давыдов А.С. Дональд Трамп: первый месяц внешней политики//НГ. 2017. 2марта. URL: http://www.ng.ru/ideas/2017-03-02/5_6941_trump.html?print=Y.

一方面，英国开启欧盟去一体化进程。西班牙（加泰罗尼亚）和其他国家的地方分离主义情势不断强化；另一方面，欧洲遭遇到来自非洲、阿拉伯国家的数十万难民的大规模"流动"，给其造成许多挑战和威胁，包括极端主义、恐怖主义的增多，以及社会、种族的紧张局势。

美国是欧洲的传统伙伴和盟友。然而，自特朗普入主白宫以来，美欧关系变得更加冲动和不可预测。显然，布鲁塞尔激起了华盛顿的愤怒。

随着中国全球作用的日益增强，中欧关系正处于重构阶段，双方贸易不断扩大，相互投资不断增长。在欧洲问题（英国脱欧、移民等）不断发力的情况下，中国将欧盟置于其当前对外战略中的重要位置，尽管不久之前的中欧关系还存在发展的局限性。

众所周知，早在1989年北京政治风波之后，欧盟就禁止对中国出口军事技术，并采取其他一些限制，这些举措构成中欧关系主要的"政治绊脚石"。欧盟依然支持流亡的达赖喇嘛，并指责中国人权问题。欧盟还对中国的一些产品（太阳能电池等）进行常态化的反倾销调查，并且依然不承认中国的正式市场经济体地位。欧洲官员也不赞同中国在叙利亚和伊朗问题上的立场。

毫无疑问，上述这些情况必会激怒中国。但是，整张清单只不过是近年来形成的形式上的"游戏规则"，不会影响到彼此日益增长的相互兴趣。中国的兴趣在于长期获得欧洲国家的主要贸易伙伴和技术伙伴地位；欧洲的兴趣更多是当下的，也即找到中国这样有利可图的且对欧洲产品、技术和其他服务等有巨大需求的投资者和贸易伙伴。

2017 年，中国领导人习近平在瑞士达沃斯世界经济论坛发言中提出，有必要反对保护主义，强化国际经济关系中的开放性与自由化程度。中国在欧洲国家的眼中，开始自觉或不自觉地成为美国总统特朗普的替代性选择，后者的主张经常性地与欧洲对立。

2016 年至 2017 年，中国继续对欧盟推行积极投资政策，对欧洲各项目的投资达到 450 亿欧元左右。与此同时，中国试图在其金融经济政策框架下，将欧洲划分为两部分："旧"西欧和中东欧。这引起布鲁塞尔的不满，指责北京试图分化欧洲，并要求中国对欧洲遵循统一原则。

早在 2011 年，作为对欧盟的回应，中国实际上将这种"分化"进行制度化，创建由中东欧国家参与的"16+1"合作机制①，每年就广泛的经济议题举办论坛。2017 年 11 月 26—27 日，第六次"16+1"会晤在匈牙利的布达佩斯举行，中国国务院总理李克强应邀出席。

> **资料**：2012 年至 2016 年，中国对中东欧 16 国的投资从 30 亿欧元增长到 90 亿欧元。2016 年，双边贸易额增长 4.3%，2017 年增长 14.1%。在此期间，中国从中东欧国家进口的农产品数量增长 13.7%。通过中欧班列已运行 600 万次铁路货物运输，开通 6 条直通航线，中国赴该地区的游客数量从 28 万增加到 93 万。

---

① "16+1"合作机制参与国包括：匈牙利、保加利亚、罗马尼亚、波兰、波黑、塞尔维亚、克罗地亚、斯洛文尼亚、斯洛伐克、阿尔巴尼亚、捷克、马其顿、黑山、立陶宛、拉脱维亚、爱沙尼亚和中国。

布鲁塞尔将北京在生态领域的立场，视为单独的复杂问题，特别是气候和减少大气中有害气体排放等。[①]

尽管如此，现阶段中欧依然保持较高水平的经贸关系。每年都在布鲁塞尔举行中欧定期经济峰会。从 2016 年签署的文件来看，欧洲显然已经成为中国技术的长期供应商，包括联合空间研究，特别是载人飞船发射项目等。2015 年，中国国务院总理李克强曾从布鲁塞尔带回价值 1000 亿欧元的欧洲技术。

2016 年，中国与欧盟的贸易额达 5470 亿美元，在欧洲的直接投资额达 733 亿美元，欧盟国家对中国经济的直接投资额达到 1146 亿美元。根据 2018 年的计划，投资额度将会更高。这一趋势近期将会继续被关注。

如果是对欧洲战略性企业和项目的有利回报的投资，这是一回事。中国人在这方面已经有丰富经验。如果说是优惠贷款或其他金融援助，这完全是另一回事。况且，一些欧洲专家和政治家表示，欧洲希望利用中国资金对其稳定基金进行大量填补。对欧盟而言，双方在这个金融合作方向上暂时还存在问题。中国可能愿意做的唯一事情是延长收购欧元区国家债务的协议，但前提是对中国投资商开出更加有吸引力的条件，尤其是不希望出现 2012 年至 2014 年的希腊违约和其他情况。

---

① 欧洲领导人认为，地球上二氧化碳排放的主要责任者是中国。中国领导人则表示，中国正在进行治理环境污染的行动，预计到 2020 年将逐步减少煤炭在能源消费结构中的比例，并将总产能为 8 亿吨、技术低下的煤炭企业停产。同时，按计划到 2020 年，预计煤炭生产和消费的年增长率分别为 0.8% 和 0.7%。在这方面，中国致力于大范围推进燃煤电厂污染物超低排放工艺。

根据国家优先排序，中国给予德国关键地位。2016 年，中国首次成为德国最重要的贸易伙伴，美国则退居第二位。不管是贸易总额，还是向德国出口产品总量，中国都排在第一位，美国仅成为德国产品的最大进口国。

资料：亚太地区是德国最重要的销售市场之一。2015 年，该地区占德国出口商品和服务总量的 14%。德国在累计直接外国投资方面处于领先地位：2014 年，德国在本地区直接外国投资额超过 1100 亿欧元。在欧盟国家中，德国是亚太地区资本的主要吸引地。2016 年的 1900 个投资项目中，外国公司在德国进行的投资项目占 450 个。中国已成为主要投资国。2015 年，中国对外直接投资累计达 1210 亿美元，2016 年达 1400 亿美元。从 2011 年到 2016 年，中国收购了 190 家德国企业，到 2015 年，在德中国资产总额接近 59 亿美元。[1]

德国经济研究所对外贸易问题专家托勒·施拉克认为，中国作为德国主要出口国的重要地位是由其出口产品价格低廉决定的，而低廉的价格则是依赖于低成本的劳动力。虽然中国的工业增长速度最近有所放缓，但德国专家认为，由于国家的大力支持，中国经济仍然具有较大优势。此外，这还体现在基础设施投资等方面。据德国专家评

---

① Германия. 2016. Доклады Института Европы/отв. ред. В.Б. Белов. № 343. С. 31.

估，美国进口的减少与特朗普上台无关。要知道，2017 年年中已经出现相应的趋势。正如施拉克所言，美国作用的下降，主要是美国工业暂时的普遍衰退导致的，但总体而言，这只是一种暂时现象。

特朗普的保护主义政策客观上强化了中国经济对德国的重要性。与此同时，尽管西方对俄罗斯实行制裁，但俄罗斯仍然是德国重要的经济伙伴。

在是否提供经济援助方面，布鲁塞尔依然没有完全弄明白中国对欧盟的战略特点。中国经济外交首先面向的是意识形态上与中国接近的合作伙伴：亚洲、非洲和拉丁美洲的发展中国家，这些国家得到中国这样或那样形式的非公开赞助。换句话说，北京将经济外交视为构建新的"没有美国的世界"的一座桥梁。

对中国而言，西欧国家是依赖美国的"美国世界"的一部分。不管欧洲人如何说服大家：欧洲与美国不仅被海洋分隔开，而且还被很多矛盾阻碍，但中国认为这些都是空话。因此，在限制"美式世界"的影响方面，中国对欧洲的任何"援助"都将被贴上纯商业或战略性的标签。

不要忘记的是，对中国人而言，西欧人历史上是 19 世纪至 20 世纪初的传统殖民者。在传统认知中，它们也是殖民国家。中国人不会对欧洲，特别是对英国人、德国人、法国人有任何好感。可能某种意义上这些历史情感，甚至比中国人不满当下与美国和日本关系更加强烈。一些中国历史学家认为，日本帝国主义仅是西方（欧洲）殖民主义的次生产物。

虽然这种情绪不会公开表现出来，但它们却是中国人潜在思维的组成部分。欧洲领导人或许认为，如果他们将针对中国的强硬言辞和批评替换成赞扬与祝贺中国所取得的成功，那么过去的所有问题都会自然得到解决。

例如，许多欧洲政治家在中共十九大结束后，就立即向中国领导人祝贺会议的成功举行。很难说会议上提出的一系列理念会对欧洲人有多大"鼓舞"，特别是构建"人类命运共同体"思想。

似乎有越来越多的欧洲政治家夸赞中国，中国就会有越来越强的底气认为，"旧"欧洲既"破碎"又"弱小"，中国能够强化自己优越性，进而"走出阴影"。这一点将会在中欧关系中更具体地体现出来，近期就会得到印证。当下中国人对欧洲夸赞的外在反应依然是传统意义上的：以尊敬的行礼和"微笑外交"予以回应。

总结中国对欧政策的动机和特点，应该强调 2017 年至 2018 年的一系列凸显出来的发展趋势。

——中国将欧洲视为推动"一带一路"倡议下基础设施项目的关键平台之一。多数欧盟国家也给予（正面）回应，特别是中东欧国家。与此同时，西欧国家对中国倡议截然相反（消极）的回应正在发力。指责中国破坏"人权"，以及在欧洲进行经济扩张的老论调也被重提。

——2014 年至 2015 年提出的共同合作生产设备和开拓第三国市场的中欧倡议，获得新的发展。[①] 这种宏观经济模式成功地体现在 2017 年至 2018 年的双方合作之上。中国制造业公司正努力与欧洲企

---

① Китайская Народная Республика: политика, экономика, культура. 2014–2015.М.: ИД «ФОРУМ», 2016. C. 279.

业建立合作关系。

——中欧投资合作得到进一步深化，近五年的发展特征表现为中国明显倾向于与中东欧国家开展投资和经济合作。

——中国在所有欧洲大型论坛上都表示坚持发展开放型经济，推进制度的自由化，明确表明自己的立场与美国不同，后者以特朗普为代表变成保护主义的主要拥护者和全球游说人。

三、中国与俄罗斯：战略稳定的优势

尽管经济领域合作没有得到充分发展（与中美、中欧关系相比），但俄中关系在区域和全球层面的国际和政治协作则是逐年不断强化。两国都面临来自美国越来越大的国际政治施压。虽然中美经济相互依赖，俄罗斯在叙利亚也公开展示军事政治力量，但华盛顿依然在2017年12月发布的《国家安全战略报告》中，将俄中视为主要的战略对手。这样一来，美国向俄中发起公开的持久挑战。这一表态进一步推动俄中领导人深化两国之间的长期系统性合作，包括研究从政治和军事上遏制美国及其盟国的联合行动。

显然，以美国为首的西方在某一阶段"忽视"俄中之间的接近。两国保持战略伙伴的外在特征的同时，切实将相互协作水平推向新高度，对全球安全与稳定体系和全球治理机制的发展和更新都产生了影响。

莫斯科和北京在与第三国关系中保持绝对自由，两国也不是盟友关系，然而双方关系的发展质量走向新的高度，甚至胜过联盟关系。俄中关系存在的潜力，理论上能够作为独立的地缘政治力量，遏制潜在对手。实践上俄中也能够将伙伴关系用于完成任何一个全球或地区任务。

当前，俄中关系已经迈过发展的"不可逆转"点。即使美国和欧盟想将楔子打入俄中关系的一些合作领域（碳氢化合物、交通运输、投资），也无法阻止俄中这辆战略"压路机"前行，更不能使其倒退。显然，这是 21 世纪美国对俄中的主要战略误判之一。

俄中关系高质量发展的另一个结果是：莫斯科和北京获得更多实实在在的能力，稳步改革国际关系的所有架构。这里并不是指机械地修复或复制过去的两极体系，在这样的体系框架内，俄中伙伴关系可能会取代曾经是两极之一的苏联。然而，莫斯科或北京都不希望出现那样的情况。

对俄罗斯而言，至关重要的问题是目前两个大国（俄罗斯联邦和中华人民共和国）之间的关系性质，以及两国在国际政治、经济和人文领域进一步战略协作的前景。主权、安全和发展是两国基本国家利益的体现。莫斯科和北京多次强调，尊重各国选择发展道路和社会政治制度的权利，并指出需要通过政治和外交手段和平地解决国家间争端。俄罗斯始终支持"一个中国原则"，承认台湾是中国的一部分，在新疆和西藏问题上也持相同立场。俄罗斯还坚持不接受第三方参与解决中国南海争端。

俄中不是军事政治盟友，两国力求维护自身在任何决策中的绝对主权。莫斯科和北京推行独立自主的外交政策，但不损害伙伴的国家利益。这种关系的实质是深化政治协调，就构建更加有效的公平世界新秩序、巩固战略稳定、解决世界各地区的危机和冲突等问题采取协调立场。2016 年发布的《俄罗斯联邦对外政策构想》指出，俄中两国在解决世界政治关键问题方面的基本主张是一致的，这被俄罗斯视为区域和全球稳定的基本组成部分。[①]

维护全球战略稳定和区域安全是俄中作为世界大国和联合国安理会常任理事国的义务。在国际层面，俄中反对从外部非法干涉国家内政、强加社会经济和政治制度、反对各国使用违反国际法的治外法权，以及未经联合国安理会协商或违背国际法准则的单方面制裁。俄中通过反对单方面行动和加强联合国在国际事务中的核心作用，来推动多极化发展。俄中反对否认、歪曲和篡改第二次世界大战历史的企图，并捍卫二战结果。两国还谴责粉饰法西斯主义、军国主义和造成战争悲剧的其他行为的一系列企图。

坚决打击国际恐怖主义是俄中两国的战略共识。两国都遭遇过恐怖主义活动的侵害，都表示全力谴责一切形式的恐怖主义行径。面对"伊斯兰国"和"东突厥斯坦伊斯兰运动"（两组织在俄罗斯被禁止）的威胁，俄中应加强打击恐怖主义和极端主义思想传播，促进信息交流，以开展有效的反恐合作，共同阻止恐怖主义活动的进一步蔓延，联合切断恐怖主义的资金、物资、技术补给。

俄中执行联合国安理会的有关决议，以及反洗钱金融行动特别工作组的建议，旨在强化调查机制建设和切断恐怖主义组织的资金来

---

① Концепция внешней политики Российской Федерации от 30 ноября 2016. Ст. 84//URL:www.mid.ru/foreign_policy/news/-/asset.../2542248.

源。此外，俄中两国在日内瓦裁军谈判会议上，还共同主张就制定打击化学与生物恐怖主义国际公约启动谈判。

俄中在全球和地区安全领域开展紧密合作的特征表现在：两国都有意识地将伙伴关系与军事政治联盟区别开来。当前情况下，北京和莫斯科都不想逾越这个门槛，也不打算建立双边军事同盟。实际上，联盟关系的诸多特征都非正式地存在于当下俄中伙伴关系框架内，且得到顺利发展，包括定期举行的双边（陆上与海上）军事演习，以及上海合作组织框架内的多边军事演习、定期国防部长会议等。众所周知，2001 年签订的《俄中睦邻友好合作条约》是两国伙伴关系的基础性文件，其中第九条特别提到："如出现缔约一方认为会威胁和平、破坏和平或涉及其安全利益和针对缔约一方的侵略威胁的情况，缔约双方为消除所出现的威胁，将立即进行接触和磋商。"

（一）双边经济合作

近几年，两国有针对性地努力改变过去的"政热经冷"模式。尽管俄中在战略与安全合作领域取得重大进展，但经济合作依然发展缓慢。

自签署《俄中睦邻友好合作条约》（2001 年）以来，两国大幅度地扩大贸易额，拓展本国货币在相互结算中的使用范围，采取措施推进地区和投资合作，使得双边贸易的某些结构得到改变，并在创新领域取得初步成功。俄中互补性不仅体现在能源领域，还体现在投资、科技、农业、交通、电力和其他领域，这些都能够扩大和提高经济合作的数量与质量。

与此同时，俄中经贸合作仍然以大型国有企业之间的合作为主。这一特征受传统上俄中双边合作的基础是能源、军工、大型基础设施建设等"主干型大项目"等因素的制约。双方合作的主要参与者是大型企业，特别是国有企业领导，以及相关部委的高官。俄中两国正是在这种层级官员间的交流下，逐渐累积起相互协作经验，当然两国最高领导人之间的友好关系也有力地推动两国之间的协作，也有助于加快高层决策进程。

贸易是俄中双边经济合作的主要形式。由于俄罗斯关税降低和中国出口费用提高，以及双方采取不同核算和确定货物原产国的方法，两国每年的贸易额统计数据都存在差异。如，2016 年的差额达 35 亿美元。在这样的情况下，俄中海关和统计机构（考虑到丝绸之路经济带与欧亚经济联盟之间达成的对接协议，成员国包括中国、俄罗斯和其他国家），有必要探讨将两国合作的统计报告与互联网在线统计数据进行规范化的可能性。

即便如此，总体而言，俄中海关统计数据反映出相似的变化。根据中国统计数据，2016 年俄中贸易额较 2015 年增长 2.3%；而俄罗斯的统计数据显示，俄中贸易额增长 4%（双方统计的相应贸易额分别为 696 亿美元、661 亿美元）。况且，双边关系的这种积极趋势是在世界贸易总体大幅减少，以及中国与多数主要合作伙伴贸易额下降的背景下出现的。

2016 年，俄中分别位列对方主要贸易伙伴名单中的第 1 位和第 12 位，与 2015 年相比，双方都保持并提升了各自的排名。然而，由于两国经济规模存在巨大差异，除一些原材料产品外，俄罗斯在中国对外贸易中的份额较小，对华进口仅占 2%、出口仅占 1.8%。两国地方合作中的这种趋势表现得更加明显。

根据俄罗斯联邦海关总署的统计数据，对华出口 2018 年下降 2%，总计 280 亿美元，尽管这并不意味着俄罗斯对华供货量减少，但也表明俄罗斯对华贸易中对原料产品的高度依赖，而这类产品一直遭受世界市场价格波动的影响。这样一来，尽管主要出口产品（矿物燃料）的数量增加，但在以美元计算的油价走低的情况下，俄罗斯的出口规模每年减少 5.6%。结果导致与中国的贸易中存在逆差。[1]

2016 年，俄罗斯首次成为最大对华石油供应国，与 2015 年相比，出口增长近 25%，每天达 105 万桶。这主要源于中国独立的私营炼油厂石油需求量的增加，以及科济米诺港口的有利地理位置，使其从西伯利亚开采的石油能够供应山东省的加工所需。考虑到东西伯利亚—太平洋管道石油出口的增加以及欧佩克国家的协议规定沙特阿拉伯减少石油供应，2017 年俄罗斯对华石油出口可能继续保持领先地位。[2]

俄罗斯对华出口第二大产品是木材及其加工品，以价值表示的话，2017 年的供应增长 16.9%，占对华出口总额的 9.25%，同比增

① Александрова М.В. Российско-китайское межрегиональное и приграничное-есотрудничество: новые тенденции и проблемы//Китайская Народная Республика: политика, экономика, культура. М.: ИД«ФОРУМ», 2016. С. 221–254.

② Российско-китайский диалог: модель 2017: доклад № 33/2017/С.Г. Лузянин（рук.）[и др.]; Х. Чжао（рук.）[и др.]; гл. ред. И.С. Иванов. Российский совет по международным делам（РСМД）. М.: НП РСМД, 2017. С. 36–37.

长 1.5%。中国继续保持俄罗斯木材最大进口国地位，其采购比重从最初的 3% 增加到目前的 64%。

排在第三位的对华出口产品是"机械和设备"类商品，2018 年增长 6.9%。其中核反应堆、锅炉、机械设备及其零部件占比最大。与此同时，这类产品的供应量同比下降 19.9%。本类产品中增幅最大的商品是铁路机车或有轨电车、机车车辆及其零件，增长达 4951.5%。

农业产品和农工联合体生产商品的供应显著增加。其中出口量最大的是鱼类和甲壳类产品（10.3 亿美元，增长 5.8%），其次是动植物油（1.727 亿美元，增长 89.6%），排名第三的是油料作物（1.454 亿美元，增长 16.3%）。可可及其制品的供应量增长 174.3%，谷物、面粉、淀粉或牛奶糖果制品增长 330.2%。磨粉碾米工业的供货量增加近 2 倍，且由它所制成的糖和糖果产品增加 2.7 倍。①

2016 年，中国从俄罗斯进口 15.5 亿多美元的粮食，位列俄罗斯农工联合体生产商品和食品出口伙伴名单首位，占 10.1% 的份额，同比增长 19.5%。

中国还购买传统贸易产品：冷冻鱼、大豆、向日葵、大豆油，以及新产品：糖果、面粉和糖果制品、冰淇淋、果汁、葡萄酒等。

向中国出口食品数量和种类的扩大是由诸多因素促成的。卢布贬值让俄罗斯产品在保证质量的同等条件下，可以更容易地进入中国市场。此外，在中国推进城市化背景下，随着中国老百姓对本国食品质量担忧和对健康生活方式的关心，与中国同类产品相比，俄罗斯产品

---

① Российско-китайский диалог: модель 2017: доклад № 33/2017. С. 34–36.

更环保、更干净，可能会吸引到中国消费者。

2015 年 12 月，双方完成长达十年的谈判，中方同意取消进入中国食品市场的一些壁垒，包括 1976 年以来对俄罗斯小麦进口的限制。两国还签署对玉米、大米、大豆和油菜进行植物检疫的议定书。

遗憾的是，由于俄罗斯发生流行病（爆发非洲猪瘟、禽流感、口蹄疫），中国仍然限制从俄罗斯进口多数种类的乳制品，以及动物类产品及其原产品。俄罗斯只在 2016 年年底才获得中方正式的禽肉产品供应许可证。能否从米哈伊洛夫斯基地区向中国出口猪肉，将取决于双方下一步的谈判结果。①

俄罗斯也一直存在阻碍进一步发展食品和农工联合体商品生产及其贸易的不利因素。比如，俄罗斯目前还没有完善的产品运输和储存系统，特别是缺少陆地过境仓储点，结果极大地制约着必要情况下的快速供货。2016 年普京访问中国的议程之一就是与中方讨论关于建设粮食转运站的可能性问题，但最后双方仅签署一份备忘录。

在通过边检时，办理海关和卫生保健手续期限的不可预测性（从一周到两个月），让保质期低于 6 个月的产品失去其价值。因此，20 公斤以下的食品（包括被禁止进口的乳制品）通常绕过个人消费品类型的海关检测，经灰色路线运输。我们认为，在边境地区建立农产品运输和储存系统，以及确保转向通用的成对轨道，完善海关手续，提高货物通关速度等举措都是合理的。通过使用统一运输单据来简化通关手续也是可取的。

① Александрова М.В. Российско-китайское межрегиональное и приграничино-есотрудн-ичество: новые тенденции и проблемы. С. 221–254.

资料： 大多数俄罗斯产品生产商对中国市场的特点缺乏清晰的认识。俄罗斯公司没有财力在中国开设办事处和进行市场调查研究及广告宣传，它们也不具备在电子平台上工作的技能，不熟悉中国互联网的工作特点以及社交网络在中国消费者生活中的作用。俄罗斯公司不从事连锁店的品牌推广和产品推广，而是通过中国经销商进行销售。因此，俄罗斯企业并没有在中国市场占据自己的一席之地，倒是能适应市场需要的生产俄罗斯产品的中国公司占据重要地位。此外，在中国，俄罗斯商品不仅要与中国本国的生产商竞争，还要与其他更大的外国品牌竞争，这些品牌早就进入亚洲市场，并设法赢得客户的信任。[①]

近几年，俄中大力推进在投资领域的合作，但目前合作水平尚未达到双方的预期。与此同时，在能源、基础设施、运输、农业等领域的潜在合作将与投资合作效率直接相关。

随着中国经济向扩大服务业比重、减少重工业对 GDP 贡献的方向转变，这使得投资方向也随之变化。旅游、高科技、体育、娱乐等行业正逐渐取代原料产业的地位。由于第三产业规模相对较小以及高科技领域对外资的排斥性，俄罗斯国内的这方面趋势变化尚不明显。尽管如此，当下中国投资商已对俄罗斯的在线影院和手机游戏表现出

---

① Российско-китайский диалог: модель 2017: доклад № 33/2017. С. 38–39.

越来越大的兴趣。未来几年，传统合作领域（能源、建筑、林业等）的投资项目，信息技术与服务类交叉项目，可能会挤进两国的投资合作领域。

为促进中国对俄罗斯经济的投资，2016 年俄罗斯在金融和银行合作领域采取了一系列重要举措。

第一，批准一项避免与中国双重征税的新协议。出台类似文件的必要性在于中国的银行通常在贷款协议中包含有在俄扣缴税款的规定，这实际上增加了贷款成本。从吸引投资的角度来看，最重要的一个条款是"在一个国家产生的利息和支付给另一个国家的侨民利息，应该仅在另一个国家征税"。由于贷款利息不再包含在银行收入基础中，并且免税，该协议有助于金融机构降低贷款利率。此外，中国贷款的减少也受到中国人民银行设定的利率逐步降低的影响。

第二，在普京访华签署协议期间，中国人民银行指定中国工商银行作为俄罗斯联邦境内人民币业务的结算银行，以推动在俄顺畅地使用人民币进行贸易和金融业务结算。俄罗斯获得人民币业务离岸中心的重要地位，使其有机会实质性扩大该国可使用人民币的范围，并增加人民币的流动性。[①]

此外，2016 年年底，中国工商银行从俄罗斯央行获得以卢布和外币的形式吸引个人存款的许可。这将有助于中国的银行以结算中心的身份，通过开立账户的形式实现汇款，以及优化自身负债结构。

---

① Российско-китайский диалог: модель 2017: доклад № 33/2017. С. 46.

资料：在人民币衍生产品市场上，两国中央银行测试过互换货币体系的操作机制，并确保机制运行的业务准备工作。目前几乎所有市场参与者都面临清算问题，衍生产品可作为额外的资金来源，有助于银行以另一个国家货币单位获得资金，无须在外汇市场获取。互换货币有助于对冲与汇率波动相关的风险。鉴于人民币在长期走强后进入波动期，一些市场参与者对购买这些证券进行投机表现出兴趣。①

人民币在俄罗斯经济中的使用范围已经扩大，特别是俄罗斯联邦中央银行允许使用人民币，支付包括俄罗斯在内的信贷机构的注册资本。整体而言，俄中双方使用本国货币互相结算的比例约为 12%（卢布超过 3%，人民币超过 9%）。两国边境地区的结算呈现较高增长变化。2016 年，俄罗斯外贸银行客户在远东的对外结算中的人民币量增加三分之一，卢布则增加 11.4%，有助于企业降低兑换费用。本年度，俄罗斯储蓄银行远东各分行也呈现类似变化。

关于俄中金融与银行合作的未来方向，可以列举如下重点领域：俄中国家支付系统的"对接"，发行"世界"和"银联"双标卡，以及扩大俄罗斯银行卡"世界"在华支付业务的机构。中国"银联"卡的类似支付服务已在俄罗斯落地。双方正在讨论的其他合作议题，包括使用人民币跨境支付系统作为 SWIFT 国际银行转账系统的替代选

---

① Александрова М.В. Российско-китайское финансово-банковское сотрудничество//Азия и Африка сегодня. 2016. № 8. C. 24–30.

择，以及俄罗斯公司债券在中国债券市场上市。双方正在讨论俄罗斯保险公司进入中国再保险市场，以及中国保险公司投资俄罗斯金融市场的可行性。

中国对俄罗斯经济投资减少的风险与汇率下跌有关。由于卢布汇率低，导致一系列在俄罗斯投资项目的回收期延长，也迫使中国公司放弃一些交易。人民币贬值也导致跨境外币投资成本上升。

此外，在阻止资本外流框架下，中国政府强化对本国投资者在国外投资的监管，也可能导致中国对俄投资减少。这一政策也影响到金融合作。2016 年，双方已经准备好在交易所，以人民币交换俄罗斯联邦政府债券的必要性工作。预计发行价值为 10 亿美元的债券。随着中国对资本外流实行监管措施，获准在华发行债券的唯一方式就是"熊猫债"，但也不允许自动将资金从债券销售转汇入俄罗斯政府财政，这使得近期发行这类证券并不合适。[①]

为消除上述障碍，双方可以讨论中国对俄投资实行特殊配额，包括用人民币购买俄罗斯债券。俄罗斯不处于中国对外直接投资的最大目的国行列，因此，类似的举措不太可能导致俄罗斯大规模的资本外流，而是有助于那些有意扩大合作的企业继续运作。

俄罗斯银行及企业获得中国金融机构人民币商业贷款成本较高，中国银行不愿意使用卢布账户来开展跨行投资和业务，俄罗斯银行在亚太的代理网络不发达，以及可提供的系列产品有限等一系列问题，也制约了双方扩大使用本国货币结算的范围。[②]

---

① Российско-китайский диалог: модель 2017: доклад № 33/2017. С. 48.

② Александрова М.В. Российскокитайское финансово-банковское сотрудничество.

有俄罗斯资本的工业类中国企业，也面临中国同行遇到的相同困难，即生态安全标准越来越严格、过剩产能、债务积累、生产减少。

俄中应利用新的金融合作机会，推进寻求新的相互投资合作方向，包括通过推进丝绸之路经济带和欧亚经济联盟的对接规划，加快实施有效行动计划。

跨境电商成为2016年俄中经贸合作的一个崭新方向。

资料：2016年，俄罗斯人在中国网店购买商品份额增加近60%。中国最大的在线大卖场"阿里速卖通"成为销售冠军，其在中国所有在线订单中的份额约为90%。该企业短时间内与俄罗斯银行和支付服务平台建立起合作伙伴关系，为消费者提供快速和更加低价的货物配送。它对整个俄罗斯在线交易市场的发展产生了积极影响，并吸引了越来越多的客户到网上商店。俄罗斯是"阿里速卖通"的三大主要海外市场之一，在该公司销售结构中所占份额超过35%。国家的吸引力与市场容量、互联网商务免税有关。由于个人网络购物额度为980卢布（约合17.2美元），绝大多数来自中国的包裹都属于免税标准。①

物流和基础设施项目也是两国开展合作的重要领域，旨在优先挖掘俄罗斯的过境运输潜力。中国对该项目感兴趣既是出于与美国在亚

---

① Пошлиной не облагаются товары дешевле 150 евро, http://kommersant.ru/doc/3096166.

洲竞争的地缘政治和地缘经济因素考量，也有想利用现有国内过剩产能造房和修路的需要。开通新的物流路线也有助于缩短中国货物的运输时间。

当前物流合作的特征表现为：从中国运出及运往中国的商品货流水平低（约占货物总量的 1％—2％），且大部分货物是经哈萨克斯坦绕过俄罗斯运输。[1] 货物过境量有限的原因是与中国相邻的边境口岸不足，这些地区的运输工具也被替换。此外，经国境到后贝加尔边疆区的边境口岸无法接收货物流，车厢供应不足也降低了货物运输速度。与此同时，原则上陆路运输成本不敌海运，且具有装载量少的特点；而推动新基础设施项目需要大量投资，且投资回收期较长。

我们认为，确保转向通用的成对轨道，完善海关手续，并提高货物通关速度等举措都是合理的。

地方合作是俄中双边合作的重要内容。[2] 传统上地方层面的主要贸易伙伴是人口稠密且经济发达的俄罗斯联邦中央联邦区和中国的黑龙江省。

2013 年以来，在西方反俄制裁、俄罗斯"转向东方"、中国鼓励企业"走出去"，以及俄中领导人换届背景下，双方特别重视发展边境合作，即中国内蒙古自治区、东北三省与俄罗斯联邦远东联邦区、

---

[1] Зуенко И., Зубань С. Трансконтинентальный транзит Азия—Европа//Мироваяэкономика имеждународные отношения. 2016. Т. 60. № 7. С. 72.

[2] 详见 Александрова М.В. Российскокитайское межрегиональное иприграничное сотрудничество: новые тенденции и проблемы. С. 221–254。

西伯利亚联邦区之间的合作。① 尽管与中国地理位置毗邻，但由于俄罗斯远东联邦区和西伯利亚联邦区人口数量少，经济发展指标不高，两地区与中国的边境合作并不充分。

资料：2016 年，中国在俄罗斯联邦远东联邦区和西伯利亚联邦区的贸易额分别增长 25.1% 和 19.2%，中国成为两地区年度最大贸易伙伴。与此同时，与俄中国家层面的指标不同的是，边境地区对华出现贸易顺差。远东联邦区出口中国的主要产品是：矿物原料（占 32.8%）、食品和农业原料（占 32%，其中 26.1% 为鱼类和甲壳类产品）、木材及其制品（占 19.2%）、机械和设备（占 10.7%）；从西伯利亚联邦区出口中国的有矿物燃料（占 30.4%）、机械和设备（占 22.3%）、冶金产品（占 11.5%）、食品和农业原料（占 9.8%）。中国出口到远东联邦区的主要产品包括：机械设备（占 36.8%）、食品（占 15.5%）、化工和冶金产品（分别占 14.3% 和 11.5%）；出口到西伯利亚联邦区的主要产品包括：化工产品（占 46.2%）、冶金产品（占 14%）和农产品（占 10.3%）。

地方合作是在俄中两国政府领导下开展的。为推进政府间合作，两国构建起俄罗斯伏尔加河沿岸联邦区和中国长江中上游地区地方合作理事会，以及俄罗斯远东地区和中国东北地区地方合作理事会。

---

① В 2016 г. в России было принято 7 федеральных законов, направленных наразвитие Дальнего Востока, https://riss.ru/wpcontent/uploads/2017/02/Doklad-na-sajt.pdf.

2016 年，为进一步促进地方合作，两国采取了一系列重要举措，包括达成在俄中政府首脑定期会晤机制框架下，构建俄罗斯远东及贝加尔地区与中国东北地区政府间合作委员会的协议。

整体而言，2015 年以来，远东地区积极推动构建支持投资新机制，如符拉迪沃斯托克自由港[①]和超前发展区。

超前发展区是俄罗斯联邦主体的组成部分，设立的目的是基于放宽管制和大规模税收激励基础上，构建起一种从事商业和其他活动的特殊法律制度，旨在吸引包括中国在内的特定（锚定）投资商，来俄进行为期 70 年或可能更长期限的投资。与经济特区和领土发展区不同的是：超前发展区具有持续的有效期和营商优惠条件等特征。[②]

资料：2016 年，远东地区创建 13 个超前发展区，到 2017 年年底应达 17—18 个。超前发展区和符拉迪沃斯托克自由港，可以确保扩大本区域的外国直接投资，之前这一地区从未成为外国投资的主要目的地。与此同时，中国是远

---

① "符拉迪沃斯托克自由港"联邦法（No.212—Ф3）于 2015 年 10 月 12 日生效。符拉迪沃斯托克自由港最初包括从扎鲁比诺港到纳霍德卡的远东南部所有重要港口和"克涅维奇"国际机场。2016 年 6 月，俄罗斯联邦委员会批准修改关于超前发展区和符拉迪沃斯托克自由港的联邦法，自由港机制扩大至远东其他重要港口：哈巴罗夫斯克边疆区的瓦伊诺市政区、萨哈林州科尔萨科夫市区、堪察加边疆区的堪察加彼得罗巴甫洛夫斯克、楚科奇自治区的别维克、滨海边疆区的拉佐夫市政区。参见 http://primamedia.ru/news/515460/, http://erdc.ru/, http://www.kremlin.ru/acts/bank/39906。

② 详见 Кашина Н.В. Территории опережающего развития: новый инструментпривлечения инвестиций на Дальний восток России//Экономика региона. 2016.Т. 12. Вып. 2. С. 569–585。

东地区第一大投资国。中国企业在这些地区投资 23 个项目，总金额达 24 亿美元（合计 1410 亿卢布）。[①]

◇◇

中国资本参与远东地区的项目分布在能源、农业、工业、旅游和运输等领域。特别是远东地区与中国贸易额最大的滨海边疆区，设立了四个超前发展区："纳杰日金斯卡娅"、"米哈伊尔洛夫斯基"、"大卡缅"和"石油化工"。中国投资商参与"纳杰日金斯卡娅"超前发展区的两个项目投资："佐藤"纺织品生产公司和"俄罗斯远东阿普塔米尔"造纸及其制品生产公司。

符拉迪沃斯托克自由港则有六家持有中国投资的公司。中国投资商"珲春集团"正在乌苏里地区修建蔬菜、鱼类和海鲜加工综合体，以及养殖远东青蛙的农场。此外，中国的投资商计划与"滨海金矿"以及"符拉迪沃斯托克建筑"有限责任公司，共同在该州开采矿石和贵金属。[②]

俄中在交通和基础设施领域也开展合作。2016 年，俄罗斯政府批准建设并现代化升级基础设施项目，即"滨海 1 号"和"滨海 2 号"国际交通走廊，旨在连接中国东北省份与远东南部港口。[③] 由于中国

---

① Российско-китайский диалог: модель 2017: доклад № 33/2017. С. 54.

② Александрова М.В. Российскокитайское межрегиональное и приграничноес-отрудничество: новые тенденции и проблемы. С. 221–254.

③ 国际交通走廊"滨海 1 号"：哈尔滨—牡丹江—绥芬河 / 波格拉尼奇内，绥芬河 / 格罗杰科沃，东宁 / 波尔塔夫卡—乌苏里斯克—符拉迪沃斯托克自由港 / 东方港 / 纳霍德卡港，进入海上航线。国际交通走廊"滨海 2 号"：长春—吉林—珲春 / 克拉斯金诺—珲春—米哈林诺—扎鲁比诺港，进入海上航线。http://government.ru/news/25953/; https://rg.ru/2016/09/22/reg-dfo/kak-integrirovat-mtk-primore-1-v-ekonomiku-atr.html.

85

东北各省没有出海口，俄罗斯港口可以成为从中国运出和运入货物的重要组成部分，同时能够减轻中国天津和大连港口载荷。到 2030 年，"滨海 1 号"和"滨海 2 号"国际交通走廊的货运量可达 4500 万吨粮食和集装箱货物；港口和运输公司的额外收入估计约 16 亿美元（每年 910 亿卢布）。依靠缩短路程，每年交通运输走廊可以为中国货物托运商节省近 7 亿美元的成本。当前，尽管地理位置毗邻，但由于过境通行检查站尚未建好，经俄罗斯港口过境需要花费更多时间。

预计，俄方将为国际交通走廊框架内的基础设施建设拨款 20%，剩余 80% 将由中国公司和银行提供。这一地区其他重要的基础设施项目，包括建设造价约 28 亿美元的跨阿穆尔河公路桥，将在 2019 年把布拉戈维申斯克和黑河连接起来。此外，"下列宁斯科耶—同江"铁路大桥俄罗斯负责部分已经动工。中方已经完成承担部分的修建工作，俄方迄今尚未完成。该桥的造价约为 13 亿美元。

据专家评估，未来几年，效益较高的"瓶颈式"投资对象，特别是道路、集装箱终点站和供应基础设施建设，以及回收较快的（3—4 年）集装箱和移动运输工具，将是基础设施发展领域的主要投资方向。[1]

2016 年，俄中经贸合作呈现出多边发展态势，在贸易、投资和地方联系领域均取得实质性成果。与此同时，双方在很大程度上对大型项目更感兴趣，它们可以确立双方（包括地方层面）更具前景的合作方向。这些项目的落实需要构建相应的贸易和投资制度。

---

[1] Российско-китайский диалог: модель 2017: доклад № 33/2017. С. 55–56.

〰〰〰〰〰〰〰〰〰〰〰〰〰〰〰〰〰〰〰〰〰〰〰〰〰〰〰〰〰〰〰〰〰〰

　　资料：世界经济论坛发布的《2014 年全球贸易促进报告》排名中，中国在 138 个经济体中居第 54 位，俄罗斯居第 105 位。在 2016 年度的排名中，中国居第 61 位，俄罗斯排在第 111 位。根据世界银行发布的《2017 年全球营商环境报告》显示，中国和俄罗斯在营商环境方面的排名分别位于第 40 位和第 78 位，高于中等水平。在与双边贸易密切相关的"跨境贸易"指标排名中，中国和俄罗斯分别排在第 140 位和第 96 位，低于平均水平。俄罗斯进出口货物边检平均需要 8 天，中国则仅需要 4 天左右。边检时间的增加主要由办理烦琐的跨境文件导致。这些烦琐的跨境程序增加双边贸易成本，并且从俄罗斯进口的时间成本要比从中国进口高出40%，相应地，出口成本要高出 26%。这些因素严重制约着双边贸易发展，直接影响到两国的商业环境。①

〰〰〰〰〰〰〰〰〰〰〰〰〰〰〰〰〰〰〰〰〰〰〰〰〰〰〰〰〰〰〰〰〰〰

　　投资环境。2016—2017 年上半年，能源价格下降对俄罗斯投资环境产生不利影响。西方制裁也已成为常态化的制约性因素。影响俄罗斯国内商业不断增加的因素包括：对财产与知识产权的保护不够、获得金融服务的程序复杂、法制水平不足，以及恐怖主义威胁等。

　　边境合作的市场机制。俄中地方合作是在两国政府领导下开展的。尽管双方积极利用国家对企业和商业模式的激励，但实际上这些

---

① Российско-китайский диалог: модель 2017: доклад № 33/2017. C. 93–94.

措施收效甚微，主要原因是缺乏有效的市场调节机制。就国内市场开放程度而言，2014 年俄罗斯与中国分别排在第 127 位和第 98 位；2016 年排在第 112 位和第 101 位。中国专家断定俄罗斯市场发展不充分，这直接影响到市场机制在两国合作中的运作。

俄中两国应致力于为两国经贸合作的平稳发展提供有力的制度保障，努力消除贸易和投资障碍。这些障碍既限制又拉低了两国之间的合作水平。

利用俄中两国政府首脑就简化海关程序举行定期会晤的机制，来简化两国之间的贸易手续是可行的。建议双方讨论并制订相应的中长期行动计划，确保实现对简化程序效率的定期评估。采用"一站式"海关检查系统，构建创新高效的边检模式，使用电子报关提高通关效率，也是可行的举措。简化跨境公路和铁路运输，包括简化国际货物发货单，使用统一的运输单证和其他措施，也将会促进贸易业务的发展。①

两国的中小企业完全是在另外一种条件下开展工作。俄中中小企业都指出，缺乏有关在两国经商的高质量信息，包括当地的法律法规。

与大型国有企业相比，中小企业更频繁地遭受行政壁垒。为消除发展合作中的这些壁垒，俄罗斯出口中心与中国经验丰富的学术机构和商业代表开展合作，致力于打造相应的培训项目。

---

① Александрова М.В. Российско-китайские отношения на современном этапе.К 15-летию подписание договора о добрососедстве, дружбе и сотрудничестве междуРФ и КНР// Проблемы Дальнего Востока. 2016. № 4. С. 5–43.

考虑到俄中各自的经济和政治特点，长远来看，高层合作与大企业之间的合作很可能依然是两国伙伴关系的基础。与此同时，在国家间谈判框架内，不应该重视具体商业交易，而是为商业合作创造稳定的有利环境，尤其要考虑到近几年俄中经济合作是在全球经济面临危机的背景下展开的。

（二）军事技术合作

俄中在安全领域的合作，早已超出 20 世纪 90 年代初构建起来的战略伙伴关系框架。在两国关系发展初期，俄中军事技术合作发挥着基础性作用，走出 2000 年年初的合作衰退期后，目前正处于新的合作兴盛期。然而，现在军事技术领域仅是两国诸多合作方向之一。双方将密切协调国际舞台上的政治行动，并有计划地提升彼此武装力量的联合行动能力。

俄罗斯和中国都避免谈论关于缔结正式军事联盟可能性的问题：在目前这个阶段，这一步骤被认为是不合适的，因为双方都没有直接面临军事威胁。与此同时，假如与美国关系急剧恶化，那么保持俄中结盟的"后备"选项，将会在两国外交政策中发挥一定作用。某种程度上，当下两国军事上的接近可以发挥一定效应，因为它会对美国构成一定的威慑作用。

俄中军事关系是在 20 世纪 80 年代至 21 世纪初双方共同努力的基础上发展起来的，其初衷是解决领土问题和增强军事互信。1997年，中国作为一方，与作为另一方的俄罗斯、哈萨克斯坦、吉尔吉斯斯坦、塔吉克斯坦四国，签署关于在边境地区互相裁减军队的协议，并确立在边界地区 100 公里范围内的部队部署和武器、军事装备的数量上限。协议还确立检查边境地区部队的机制，以及互相通告开展军事活动的协议备忘录。

2015—2016 年，俄罗斯向中国供应的军用物资和服务规模，接近 21 世纪头十年的历史纪录。截止到 2016 年年底，军事合同总额超过 80 亿美元，有助于两国可以在未来几年保持较高水平军事合作。同时，为打牢军事技术合作的坚实基础，两国应该寻求更深层次的工业一体化形式，并就军事技术发展的重点方向推动实施长期联合研发。

2016 年 11 月举办中国珠海航展期间，俄罗斯联邦军事技术合作局副局长德罗若夫表示，与中国的现有军事技术合作合同金额已经超过 80 亿美元。与此同时，一系列新的合作协议已经启动谈判进程。这样一来，截至 2016 年 10 月，中国占俄罗斯国防出口局签订的总订单 15%以上的份额，总额达 520 亿美元。[①]

稍后的 2016 年 11 月，俄罗斯国防部长绍伊古在访问北京时指出，俄中在军事技术合作领域"取得巨大成功"，双方"在落实年度各领域合同方面的数额达到近 30 亿美元的水平"。[②] 此前，俄罗斯对华出

---

① Никольский А. Китай вернулся в пятерку крупнейших импортеров российского оружия// Ведомости. 2-16. 1 нояб.

② «Глава российского военного ведомства отметил серьезные успехи по реализации контрактов в сфере ВТС между Россией и Китаем». Департамент информации и массовых коммуникаций Министерства обороны РФ. 23 ноября 2016 г.//URL: http://function.mil.ru/news_page/world/more.htm?id =12104572% 40egNews.

口的最高纪录是 21 世纪初达到的每年 27 亿美元。[①]

如果考虑到通货膨胀因素，那么按照 2016 年的价格计算，合同金额应该是 36 亿美元左右。因此，2016 年，俄罗斯并没有创造对华军事出口规模的绝对纪录。与此同时，双方整体合作水平与 20 世纪 90 年代的俄中军事技术合作"黄金时代"相吻合，那个时期中国人民解放军开始基于俄罗斯军事技术进行彻底装备更新。

目前，俄罗斯是中国军用产品与服务的唯一供应巨头。2000 年以后，以色列曾一度成为中国在军事技术合作领域的第二大伙伴国，但迫于美国压力放弃与中国合作。此前，中国也从独联体国家，主要是乌克兰和白俄罗斯，大规模购买军事技术。但目前，这些国家的国防工业已经基本耗尽苏联时期的技术储备，因此，中国对与其合作的兴趣下降。中国继续利用乌克兰公司在设计运输机和航空发动机，以及白俄罗斯公司制造多轴越野车方面的经验。

然而，从现有数据来看，类似的合作金额不会超过俄罗斯供应量的 10％。比如，大家知道，2016 年乌克兰向世界出口的武器总额约为 7.5 亿美元，[②]与此同时，过去几年，中国平均占乌克兰武器出口总量的约 22％。乌克兰和白俄罗斯的制造商，通常占据俄罗斯没有供应中国的那些军火市场领域。

俄罗斯官方机构没有公布向中国出口军用产品和服务的年度数

---

① Интервью гендиректора ФГУП «Рособоронэкспорт» Сергея Исайкина РИАНовости. 10 апреля 2009 г.//URL: http://vpk.name/news/27293_obem_vts_rossii_i_kitaya_za_poslednie_vosem_let_sostavil_16_mlrd__rosoboroneksport.html.

② Украина увеличила экспорт вооружений на 25%//EurasiaDaily. 31 января 2017 г.//URL: https://eadaily.com/ru/news/2017/01/31/ukraina-uvelichila-eksport-vooruzheniy-na-25.

据；出版的文献也仅是公布带有相关评论的总的军事出口数据，可以从中看出哪一特定国家的市场更加重要。基于这些评论，2010—2015年，俄罗斯对华出口额每年在 15 亿—20 亿美元之间。21 世纪的头十年里，平均每年接近 20 亿美元左右的水平，并且 2001—2003 年显著超过这一平均数。21 世纪头十年的中期，俄罗斯对华出口开始出现衰落状态（如 2006 年仅签订了 2 亿美元的新合同）。①

俄罗斯向中国供应武器的最大合同包括：2015 年秋季签订的向中国供应 24 架 4++ 代苏—35 歼击机协议，2014 年秋季签订的装备四个营的 S—400 防空导弹系统。这两个合同都是 2010 年前后启动长期谈判的结果。两国官方都没有宣布合同金额，但最常见的评估是：购买苏—35 的总金额约为 20 亿美元，购买 S—400 的总金额约为 19 亿美元。总共采购的四批苏—35 中的首批已于 2016 年年底交付中国采购商。预计 2017 年年底开始交付 S—400 防空导弹系统。

长时间的持续谈判，与俄罗斯方面努力限制知识产权泄露风险相关，因此俄方采取详细地制定协议条款的方式。至于 S—400 防空导弹系统，显然与俄方生产能力不足，导致这类设备生产速度不够快相关。

2017 年 2 月，俄罗斯国防部长绍伊古指出，双方合作取得积极进展，并提到还签署过一份向中国供应"反舰导弹系统"的合同。该项协议可以与 2015 年中国海军服役的新型鹰击—18 反舰导弹有关联，

---

① Интервью Сергея Чемезова «Интерфаксу». 21 июня 2007 г.//URL: http://viperson.ru/articles/sergey-chemezov-v-rosoboroneksporte-schitayut-chto-umenshenie-summoruzheynyh-kontraktov-s-knr-obuslovleno-nasyscheniem-kitayskogo-rynka-rossiyskoy-boevoy-tehnikoy.

其外观和要求的参数实际上与俄罗斯的某种系列导弹完全一致。可以推断出，中国已经获得一定数量的导弹，来装备空军、水面舰艇和潜艇，同时也获得生产这些导弹的许可权。

尽管中国在航空发动机方面取得重大进展，但俄罗斯继续是中国航空发动机的主要供应商。2016 年 10 月，俄罗斯联合飞机公司宣布与中国签订另一份供应 Д—30 型和 AЛ—31Ф 型发动机合同，交易总金额近 10 亿美元。

与此同时，2012—2013 年，两国曾讨论过购买两艘俄罗斯阿穆尔—1650 型潜艇，并希望获得自行建造另外两艘潜艇许可权事宜，同时还签署意向备忘录，但这份交易并没有谈成。双方可能没有达成一致意见，抑或此类潜艇不符合中国海军的特殊需求，但也不能排除因采购商的技术需要变化而推迟签订合作事宜。未来将会恢复谈判。①

基于上述这些数据，可以大体推测出中国 80 亿美元军购订单的结构分布。购买苏—35 歼击机和 S—400 防空导弹系统的两项大合同占近 50%的金额，采购新的飞机发动机合同金额约为 10 亿美元。剩余金额涵盖采购反舰导弹合同、大量购买俄罗斯科研试验设计的小型合同，以及配件、材料、设备的供应等。俄方表示，近几年来，诸如共同开展研发之类的合作形式，发挥的作用越来越大。

未来几年，随着苏—35 和 S—400 大合同的落实，既可能会导致双方合作的下滑，也可能推动新一轮合作。从中国军力规模来看，这

---

① Кашин В.Б. Промышленная кооперация — путь к сопряжению российскойи китайской экономик. С. 1–16.

两种类型武器的采购量并不大，且是以批次的形式供应，可能还需要仔细研究和评估。不管是新的采购合同，还是中方积极为其新的武器系统进口俄罗斯零部件，都将对两国的军事合作产生进一步影响。特别是俄罗斯可能参与推动采用俄方零部件的中国改进型歼—11 战斗机，以及联合研发和生产新型远程防空导弹系统。①

资料：2014 年，俄罗斯与欧盟国家及乌克兰军事技术关系的破裂，为提升俄中在军事技术和民用高科技领域合作新水平提供了契机。来自中国的设备和技术可以在多个领域取代欧洲供应商。与此同时，危机时期建立起来的这种合作关系，即使与西方关系正常化之后，也可能会继续保持。遗憾的是，这些机遇并没有被充分利用。俄罗斯开始限制中国进口装备其部分海军舰船和边防部队所需的船舶柴油机，然而预想的大型交易，如俄罗斯为其空间技术购买中国制造的电子元件技术，目前仍处于讨论阶段。与此同时，应考虑到，中国目前在俄罗斯军用产品进口总量中所占比重并不大。总体而言，俄罗斯重新推动与包括中国在内的亚洲国家之间的合作进程已经启动，但是进展并不如预期的那么迅速。这与复杂技术项目谈判周期长、俄罗斯武器制造商缺少中国工业能力数据等因素有关。尽管当前的军事技术合作规模实际上已经恢复到 20 世纪 90 年代至 21 世纪初期的水平，但军

---

① Кашин В.Б. Промышленная кооперация — путь к сопряжению российскои китайской экономик. С. 14–15.

事技术合作在俄中关系中的作用已经下降。相较于 21 世纪
初期中国采购俄罗斯武器出口总量一半的份额，且出口是俄
罗斯国防工业的唯一资金来源等情况而言，当下的俄中军事
技术合作不再是双方关系基础之一，其合作金额在俄中贸易
总量中比重也较小。

◇◇

从 2008 年至 2009 年起，对大多数俄罗斯常规武器制造商而言，
来自本国军队的订单量已经超过出口量。当前，俄罗斯武器出口更加
多样化，中国通常占其年度出口总量的比重低于 20%。一方面，虽
然中国也是一个庞大且有利可图的客户，但对俄罗斯军工企业来说，
中国市场已不再是具有决定性的武器市场；另一方面，中国已经在军
事装备和军事技术领域实现高水平的自给自足，客观上对俄罗斯武器
的需求正在减少，仅集中在几个相对较小且重要的领域，如航空发
动机。

与此同时，与俄罗斯的合作对提升解放军的实力继续发挥着重要
作用。比如，如果没有购买俄罗斯的发动机，那么就不可能完成重新
装备中国空军的两个重要项目，包括生产运—20 重型运输机和轰—
6K 战略轰炸机。

中国军舰装备的鹰击—18 反舰导弹，曾引起美国军事专家的担
忧。即使该系统属于类似 S—400 远程防空导弹系统和具有强大雷达
系统的苏—35 歼击机这样的有限采购，也能够改变中国周边地区部
分紧张区域的军力分布，尤其是台湾海峡。俄罗斯一些亚洲传统伙伴
国家代表（如印度），对俄罗斯向中国供应武器表示非常担忧。但是，

目前这些武器的供应既没有成为重要的刺激因素，也没有对俄罗斯在本地区的政策产生较大负面影响。

俄罗斯一直强调在亚太地区军事技术合作领域奉行独立政策，同时向中国及其"竞争对手"（包括印度和越南）出售现代化的武器设备。这种平衡政策尚未面临重大障碍。俄中在安全领域的特殊关系是众所周知的，但俄罗斯拒绝与其他亚洲国家进行军事技术合作，只会导致美国对这些国家的影响力增大，这对中国也是不利的。比如，俄罗斯拒绝与越南开展军事技术合作，可能会导致越南在军事领域与美国建立更密切的伙伴关系，对中国而言，这会比越南是否拥有某些特定类型俄罗斯武器更加危险。①

俄中军事技术合作也带来两国大规模的军事联系。2005年以来，俄中不仅在双边层面开展越来越多的军事演习，在上海合作组织框架下也开展多边演习。

资料：演习的地理位置覆盖东北亚的各个区域。在地中海东部海域举行"海上联合—2015"第一阶段演习，"海上联合—2017"第一阶段演习则在波罗的海举行。2016年的演习在中国南海举行，这是亚太地区的潜在冲突区域之一，不过参与演习各方并没有直接靠近争议岛屿。俄罗斯联邦武装力量总参谋部和中共中央军事委员会联合参谋部（原中国人民解放军总参谋部）就战略问题进行定期磋商。2017年4月，

---

① Кашин В.Б.Реформа органов управления китайскими вооруженными силами//Проблемы Дальнего Востока. 2016. № 2. С. 119–126.

两国副总参谋长共同主持举办第 19 轮战略问题磋商。俄中军事合作是按照制定的未来几年规划推动的。特别是，2017年两国制定出 2020 年之前军事领域合作发展"路线图"。[①]

俄罗斯继续为中国军事人员提供培训援助。苏联解体至今，有超过 3.6 万名中国军人在俄罗斯军事学校接受过培训。在俄罗斯国防部举办的众多比赛（"坦克两项""航空飞镖"等）上，中国军人是最积极的参赛选手之一。

俄中联合演习呈现出复杂性不断增多、两国军队之间协作水平越来越高的特点。比如，"海上联合"军事演习方案，通常包括执行对抗潜艇和敌机、进行海上登陆作战、潜艇救援等联合任务，它们是军事作战中最复杂和最高科技的科目。

四、结论与建议

当前的中美关系有两种趋势并存：相互依赖与冲突。通过深化中美关系自由化和"经济化"，来降低两国之间冲突度的构想，尚未被现实政治所检验。相反，尽管保持高水平的投资、技术和贸易合作，但习近平和特朗普的方针却是非对称性的。2018 年 3 月以来，美国

[①]　Кашин В.Б.О потенциальном влиянии американской третьей стратегии компенсации на развитие стратегических ядерных сил КНР//Проблемы Дальнего Востока. 2017. № 3. C. 109–118.

政府挑起与中国在关税领域的冲突。美国总统在国会发表一系列官方声明，以及在 2017 年发布的《国家安全战略报告》中将俄中视为美国国家利益、经济和价值观的威胁，这些都极大地强化了双方相互遏制的进程。在美国保持对俄中的强硬态势之下，即使中美经济合作继续保持，两国关系的冲突范围也会进一步扩大。

俄中在军事战略领域保持高水平合作和相互信任。两国共同制定并顺利落实全球和地区安全合作议程，特别是一系列关键性的问题，包括维护世界稳定、不干涉内政、推进维护和平的全球共同责任、发展与安全、构建"大欧亚"等。

俄中军事技术合作不断深化，两国陆军、空军和海军都举行了演习。虽然 2017 年，俄中在军事技术合作领域没有签订大合同，但双方能够全面执行和落实早期签订的订单（30 亿美元），包括供应 S—400 防空导弹系统和苏—35 歼击机合同。俄中军事技术合作的特点是开始联合生产军民两用产品。在谈判和项目实施阶段，提升两国之间的相互信任水平成为俄中关系最重要的方面。

双方定期互派军事代表团交流，并就战略问题举行磋商。俄中都还没有与其他大国保持这样的合作水平。俄中军事和军事技术领域的合作，为两国构建正式联盟打下基础，如果两国政治领导人都采取这种决策，那么这个联盟将是很有效的。

与此同时，俄中构建军事联盟也是假设性的。理论上，正式结盟可能会招致美国的欧洲和亚太盟友以扩大与强化它们之间的关系的方式加以回应。俄中在这些地区推行政策将会失去回旋空间，结果既会影响外交和安全问题，也会产生负面的经济影响。因此，只有在美国急剧增加对俄中的侵略威胁的情况下，俄中结成军事联盟才是现实的。与此同时，当前俄中维持"延缓结盟"格局，本身就会减弱这种侵略威胁。

俄中在解决全球和区域问题方面的相互合作，依靠建立起来的制度和国际法基础，这使双方可以建设性地解决最复杂的问题。俄中根本国家利益的吻合和对多极世界秩序的共同主张，构成这一体系的基础。双方已经构建起灵活的战略优势体系：（1）自由与第三国发展关系；（2）互相之间保持政治、经济和人文联系的高水平和多样性；（3）在国际舞台上以独立自主且有影响力的地缘政治力量中心行事，但不针对第三国；（4）迅速调整伙伴关系来解决所有全球或地区性问题。

俄中在贸易和投资领域的合作，得到两国国家层面的大力支持，同时也得益于两国构建起的发达机制体系。当前五个俄中政府间委员会，已经涵盖两国所有经贸合作议程领域。2017年，召开了俄罗斯远东及贝加尔地区与中国东北地区政府间合作委员会的第一次会议。目前两国所形成的经贸合作模式的特点是，以国有企业和大项目为主开展经贸活动。中小企业的巨大潜力尚待挖掘。

为提升俄罗斯贸易机制在中国的工作效率，特提出以下可行性建议：

——研究制定将俄罗斯定位为绿色产品供应国的统一战略，让"俄罗斯制造"成为中国消费者心中的品质代名词，也有助于一些企业更容易地进入中国市场。

——扩大俄罗斯产品在中国市场的份额，既要与采购商合作，也要与潜在消费者沟通。建议俄罗斯企业更多地重视研究中国市场，寻找并创建自己的业务领域，注重品牌塑造和产品广告的投放，与中国社交媒体合作来实现销售的最大化。从产品品牌、配方和包装方面来看，调整自己的产品适应中国市场需求是可行的。

——实现俄罗斯出口结构的多样化，需要继续就开放更大规模中国市场和取消现有限制展开谈判，并将重点放在农业原料及其深加工产品的供给上。中国对 128 种美国农产品实行更高关税，以此作为对美国"关税制裁"的回击，这将给俄罗斯农业企业扩大在中国核心市场份额创造新机会。

——最大限度地吸引私营企业参与到俄中合作中，它们可以在不依靠国家层面支持的情况下开展商业活动。

——提升俄中合作质量，不仅要推动双边工业合作的发展，也需要两国企业开展合作，共同进入第三国市场。俄罗斯可以利用自己在独联体国家的市场份额，中国则可利用在东南亚国家的市场份额。只有大力改变两国投资商的看法，才能实现中国对俄罗斯投资的大幅度增长。在促进相互了解和彼此信息共享方面，两国的咨询公司和研究中心可以发挥积极作用。俄中媒体，甚至包括将来双方可能组建的联合媒体，都应该成为推进两国关系的工具。

——确保远东经济保持积极发展态势，是俄罗斯的一项关键性战略任务。完全依靠国家财政支持，来推动远东的现代化是难以实现的。需要在本地区创造竞争性的条件，以此吸引俄罗斯的私有投资，以及中国和其他亚太国家的投资。当前俄中经贸合作的特点是：俄罗斯远东的后贝加尔边疆区、哈巴罗夫斯克边疆区，以及中国的内蒙古、黑龙江、吉林和辽宁之间的贸易合作，约占30%的俄中贸易额。2017年还在建设中的两座俄中跨境大桥"下列宁斯科耶—同江"和"布拉戈维申斯克—黑河"，将会促进俄中贸易发展。重点发展金融服务，包括扩大银行间合作、增加国家货币结算比例、制定清算程序和开展保险领域的合作。

——俄中应加快开放市场进程。中方认为，两国构建自由贸易区是可行的。中国专家认为，构建自贸区可以为贸易增长提供重要的制度保障，有助于优化贸易结构，以及通过降低市场准入门槛改善投资环境，同时为扩大相互投资创造有利条件。双方应该加深互信，并就此问题达成共识，同时为逐步推进俄中自贸区协议谈判，制定经济与技术可行性联合报告。

——俄中应强化市场机制在促进双边经贸和地方合作中的作用。两国政府应积极推动有关调节贸易和投资制度的规范洽谈与落实进程。特别是，俄中应严格遵守有关鼓励和保护互相投资协议，以及避免双重征税协议。应提高保护贸易关系和投资的水平，并创建统一互联网平台，来推进企业之间的信息交流，推动企业之间建立直接经济联系。此外，有必要努力降低成本，研究构建投资风险防范机制问题。采取以下措施也会促进投资发展：编写地方投资指南，促进金融合作的创新形式，利用公私伙伴关系机制、基金和其他商业融资模式，它们能够促进包括跨境并购等在内的不同种类直接投资的发展。

——为期两年的"俄中地方合作交流年"（2018—2019年）项目，是推动俄中积极发展合作的新动力，也有助于让双方全球合作的"标杆"更加切合两国地方、城市和乡村现实生活的实际。依靠两国已经构建起来的 26 对兄弟城市之间的前期合作基础，以及"伏尔加河—长江"流域合作积累的经验，该项目应聚焦两国地方合作过程中的所有社会经济与人文领域的问题，巩固俄中民间互信。俄中友好协会和俄中友好协会，基于民间外交及地方层面的工作经验，能够成为落实两国地方合作大项目的"触发器"。①

---

① 2017 年，俄罗斯特命全权大使、联邦委员会经济政策委员会主席梅津采夫，当选俄中友好协会主席。俄中友好协会会长由著名的政治家、金融家陈元担任。

第三章

俄中视域下的地区向度

一、俄罗斯与中国的欧亚议程

（一）俄罗斯学术界关于"一带一路"倡议的论述

在北京召开的中国共产党第十九次全国代表大会上谈到"一带一路"议题。中国领导人在讲话中特别指出，需要沿着古代丝绸之路的路线，建设一个连接亚洲、欧洲与非洲的贸易和基础设施网络。实际上，在中共十九大报告中关于"一带一路"倡议的论述，既有对成果的总结，也有对未来五年的规划。

俄罗斯学术界从中国方案的多元发展视角出发，审视"一带一路"倡议潜在的社会经济价值，认为该倡议不仅指向基础设施或运输项目，随着新丝绸之路的发展，其将不可避免地外延到其他领域。当前，学者们认为主要涉及交通、银行、投资、贸易、旅游、人文等领域。

俄罗斯学术界从社会经济互动视角，对区域对接合作进程的研究还停留在概述阶段，比如，对欧亚经济联盟、"一带一路"、上海合作组织的研究，同时，有关对接合作负面效应的研究也略显单薄，如对有关强企业对弱企业的合并、地方工业破产等问题的研究。一些俄罗斯专家，如俄罗斯科学院远东研究所的拉林、杰尼索夫等，试图阐明俄中或中国与中亚国家间合作问题的各个方面，但尚未形成完整体系。

俄罗斯学术界对有关对接"内部"机制的性质、方向，以及类似对接项目可能带来的外部挑战与威胁，尚缺乏充分认知。这其中既有来自伊斯兰原教旨主义的挑战，也有中国未来可能对部分欧亚国家的经济吸纳，以及部分欧亚国家（俄罗斯、中国、印度、巴基斯坦、阿富汗、哈萨克斯坦）在对接过程中还可能存在利益冲突。

也许我们有必要对对接合作进程中存在的潜在挑战及威胁进行结构化分析与分类，这种分析与分类涵盖相关领域（运输、基础设施、投资、人文等），并对某些专家论证的真实性和威胁形成的人为因素展开研究。

中国领导人提出"一带一路"倡议表明，中国的地区和全球政策发生了重大革新。这没有引起大多数俄罗斯专家对此的反对与争论。从国家利益角度来看，俄罗斯关于欧亚地区对自身重要性的问题已存在共识，尝试将欧亚经济联盟、上海合作组织和"一带一路"三个相关项目进行对接，可以拓展俄罗斯欧亚地区长期政策的发展前景。

与此同时，许多著作都客观地分析了互动结构的创建方案，其中，上海合作组织和欧亚经济联盟之间，可能起到连接作用。[①] 这将大大降低中国主导经济的可能性，也能够在不破坏欧亚一体化的情况下，保持俄罗斯在中亚的传统地位，并维护俄中双边关系。

在"一带一路"倡议中，讨论各国的参与问题，特别是中国邻国的参与，正在成为中国与几乎所有欧亚国家双边关系中重要的组成部分。2016 年，中国驻俄罗斯大使李辉曾表示，俄罗斯作为中国最大的邻国和战略伙伴，是共同建设丝绸之路的重要参与者，并在其中具有显著优势。

丝绸之路经济带与欧亚经济联盟对接合作的优先任务包括：促进一系列自由贸易区的建立，发展投资，简化贸易手续和建设跨境产业园。同时，一些专家认为，欧亚经济联盟与丝绸之路经济带在优先合作方向上具有差异。中国优先考虑简化贸易和投资制度。欧亚经济委员会期望与中国合作，并在三个主要方面展开对接，包括建设新欧亚大陆运输走廊，促进旧欧亚大陆运输走廊实现现代化升级；与中国签署关于经贸合作的全面协议；制定具体合作路线图，其中包括对接的具体项目与措施。

资料：在"一带一路"框架下至少存在 6 条对欧亚经济联盟国家很重要的运输路线：(1) 俄罗斯与中国规划的"北

---

① Лукин А.В. Идея «Экономического пояса Шелкового пути» и евразийская интеграция// Международная жизнь. 2013. № 7. URL: http://igpi.ru/bibl/other_articl/1406820606.html.

京—莫斯科"高铁走廊；(2)"中国—蒙古—俄罗斯"枢纽；(3)"中
国—中亚—西亚"；(4)"中国—印度支那半岛"；(5)"中国—
巴基斯坦"；(6)"孟加拉国—中国—印度—缅甸"。

虽然俄罗斯与中国学者也规划出其他合作路线图，^①但这些路线的
总体方向一致，并且这些路线网已经在中国被凝练为"东稳—北强—
西进—南下"。这一学说可以被视为中国长期输出战略，并由中国国
家主席习近平积极推进实施。对莫斯科而言，"北强"这一点似乎更
具有现实意义，这很可能意味着北京方面希望逐步，甚至长期在俄罗
斯（北部）建立运输和物流中心，并投资基础设施项目，这是符合俄
罗斯利益的。

2016 年 6 月 25 日，欧亚经济委员会与中华人民共和国商务部签
署了《关于正式启动中国与欧亚经济联盟经贸合作伙伴协定谈判的联
合声明》，内容涵盖海关、技术、卫生、动植物检疫管理、知识产权
保护与竞争，以及电子商务等领域。双方还计划建立"整体性协作机
制"，在农业、工业、能源、运输、通信和基础设施领域开展共同感
兴趣的合作项目。

除进行经贸合作协议谈判外，俄方还提议在此基础上启动关于非
关税调节措施的讨论。但目前，欧亚经济联盟成员国政府并未将这一
问题的谈判权交给欧亚经济委员会。俄罗斯还准备在经贸合作协定框
架内，就采取关税管制措施的问题进行谈判，最终实现建立自贸区的

① Лузянин С.Г., Сазонов С.Л. Экономический пояс Шелкового пути: модель 2015года//
Обозреватель/Observer. 2015. № 5 (304) . C. 40–43.

目标，这一进程或将在 2030—2035 年之间完成。

中方注意到，目前欧亚经济联盟仍处于形成阶段：如果说联盟成员国已就货物贸易的关键问题达成共识的话，那么在投资规则方面则尚未达成共识。由于欧亚经济联盟国家对外投资开放程度不同，中国很难与欧亚经济联盟就投资制度达成协议。中国与联盟成员国在贸易制度领域的谈判并非一帆风顺。欧亚经济委员会正在优先考虑发展大型项目，但这类项目的有效实施则需要制度保障，以及消除贸易和投资壁垒。边境管理的低效率及低透明度是阻碍区域贸易和投资增加的一大障碍。在欧亚经济联盟内部，准备所需贸易文件和通过边境监管需要耗费大量时间和财力。因此，中国与欧亚经济联盟合作的重点应是简化海关、检疫和检验程序，发展跨境运输和电子商务，在该领域的互动基础还有利于实现世界贸易组织的贸易便利化协议。

消除关税壁垒应是提高双方经贸合作水平的重要互动方向。自贸区的建立能够消除现有关税壁垒和减少非关税壁垒，这将有利于中国公司，也会给依靠向中国出口商品的欧亚经济联盟成员国企业带来积极影响，从长远来看，这将保证中国和欧亚经济联盟国家的 GDP 增长。

中方专家建议，在中国与欧亚经济联盟国家开展合作的过程中，双方应借鉴中国与东南亚国家联盟、欧盟间的贸易投资规则谈判经验。中国与东南亚国家联盟谈判的主要议题是创建自贸区。而中国与欧盟建立的全面战略伙伴关系则包括双边投资协议的谈判，以及为中欧之间建立自由贸易区奠定经济技术基础。中欧双方确立了优先合作领域，如简化贸易程序，促进金融、工业、农业、运输、科学技术、信息技术等领域的合作，同时商定了合作机制与原则，并将在双边层面讨论和实施具体项目。中欧间的谈判工作带来了积极合作成效，值得我们在欧亚经济联盟与"一带一路"的对接过程中借鉴。

制定的合作路线图包含中国与欧亚经济联盟经济利益对接的具体项目及措施。合作路线图拟定的一个重要依据是参与国的中长期经济发展计划。与此同时，各参与国应推进统筹对接，尽快制定操作方案。为促进对接合作，俄罗斯与中国应组建联合研究团队，开展相关主题的学术交流和合作研究，从而提供必要的智力支持与高水平的研究成果。

2016 年 8 月 24 日，时任欧亚经济委员会执委会主席萨尔基相与时任中国国务院副总理张高丽举行会谈，萨尔基相赞成中方关于建立共同数据库的提议，该数据库将包含双方参与"一带一路"与欧亚经济联盟对接的计划项目和现行项目数据。数据库的创建工作正在进行中。2017 年 3 月，欧洲经济委员会宣布，已列出欧亚经济联盟区域内优先发展的基础设施项目清单，并"将支持'一带一路'建设"[①]。

资料：中国和欧亚经济联盟的成员国建立了牢固的双边关系体系，并在丝绸之路建设框架下，实施国家发展项目对接，如"一带一路"与哈萨克斯坦的"光明之路"计划、中国与哈萨克斯坦工业投资合作规划相对接。"巨石"经济特

---

① Сопряжение ЕАЭС и ЭПШП приобретает реальные очертания: согласованспсок инфраструктурных проектов//Официальный сайт Евразийской экономической комиссии. 1 марта 2017 г., http://www.eurasiancommission.org/ru/nae/news/Pages/2-03-2017-1.aspx.

区（中国与白俄罗斯的工业园）是由中国倡议的示范项目之一。目前，此框架下的项目已进入实施阶段。中方认为，不应将该项目列入对接合作项目清单中，因为双边和区域层级的对接合作是分别以不同的方式进行的，对接合作应集中在联盟成员国已达成共识的领域，依照这样的路径进行合作将形成更佳的协同效应。但这种方法可能无法完全得到俄罗斯的支持，因为莫斯科方面希望欧亚经济委员会能够成为合作谈判的优先对象，且欧亚经济联盟能够考虑所有联盟成员国的国家利益。

与此同时，俄罗斯与中国认为，欧亚经济联盟与"一带一路"的对接并不是为欧亚地区稳步发展创造新环境的唯一互动形式，俄罗斯大欧亚伙伴关系倡议的实施也能够促进该地区发展。

可以说，上海合作组织扩员，即吸收印度、巴基斯坦和伊朗进入该组织，旨在增强欧亚地区组织的合作基础。这里存在一个原则性问题是，俄罗斯、中国及其他国家创建了扩容后的上海合作组织、欧亚经济联盟和中国"一带一路"倡议之间的新关系体系，从政治和经济视角来看，这个体系将在多大程度上和谐与自给？

我们应该明白，中国的"一带一路"倡议未必能成为一个制度化的项目。具有较大可能的是，该倡议将维持欧亚空间经济、投资、运输和人文领域的开发进程。与此同时，欧亚经济联盟和上海合作组织也将明确致力于进一步制度化发展或扩员。

欧亚地区的多选择性发展不会有损俄罗斯的利益，也不会成为俄罗斯在该地区提升影响力的原则性障碍，相反，这正在使俄罗斯作为多种政治经济进程的实际协调者地位得以稳固。在区域安全领域，俄罗斯发挥着特殊的作用。

客观上，中国的崛起对俄罗斯是有利的。在全球军事政治层面（安全领域、联合国安理会内部协调、开展联合军事演习等），与欠发达经贸空间相比（不论是双边还是多边层面），俄罗斯与中国具有更多的利益共同点。

迄今为止，为彻底消除国际恐怖主义的潜在挑战与威胁，特别是考虑到伊斯兰国武装分子正渗入阿富汗及"一带一路"沿线地区，仅依靠中国一方的力量显然是不够的。

俄罗斯中国问题专家杰尼索夫认为，欧亚地区的交通安全问题仍是一个尚未被仔细研究过的领域。正如杰尼索夫所指，在该领域可能存在着最大风险。该地区交通安全不仅与阿富汗发展的不确定性、极端主义力量的频繁活动、毒品贩运和跨境犯罪有关，而且还与"一带一路"沿线各国之间的复杂关系及部分国家的不稳定密切相关。许多人似乎没有关注到这些细微问题，其实只要看到几乎遍布整个欧亚大陆（包括中亚和中东）的运输走廊线路，任何项目的设计者都应优先考虑风险管控问题。①

现行"一带一路"项目与计划项目的长远发展，将直接取决于项目的安全保障。中国将如何保障这些项目的安全？俄罗斯和中国在该问题上至今都没有完善可行的方案。

---

① Денисов И.Е. Путешествие на Запад. Пекин выйдет из тени по Шелковому пути.URL: http://www.globalaffairs.ru/number/Puteshestvie-na-zapad-17315.

此外，如果说，对欧亚地区（阿富汗、中亚和其他地区）的风险，中国的评估是充分的话，那么管控它们的方式目前看来是近乎幻想的。杰尼索夫写道："这看起来，大致是这样的：由于'丝绸之路经济带'构想是建立在平等、互利和共赢的基础之上的，摒弃冷战思维，这势必会带动产生新的规则和标准。中国的分析人士认为，对抗和竞争机制会被长期合作机制取代。"①

俄罗斯专家则不认同这样一种中国路径。大多数俄罗斯专家认为，在当今复杂形势下，伊斯兰国的极端势力在不到两年的时间里已经成为主要的恐怖主义威胁，这是一个与近几十年来传统世界秩序相对抗的组织，恐怖主义力量正在对"一带一路"的一些沿线国家形成"包围"，这在中亚、阿富汗、巴基斯坦、近东和中东地区体现得尤为明显。②

在叙利亚，俄罗斯空天军成功完成对伊斯兰国及其盟友的军事行动，这对干预性打击中亚及转移到阿富汗地区的恐怖分子具有显著意义。该军事行动可能间接使中国对武装分子采取更积极和干预性措施，其中也包括与俄罗斯共同积极参与叙利亚问题的解决。

中国已经颁布一系列打击境外恐怖主义的法律，③ 根据这些法律，

① Денисов И.Е. Путешествие на Запад. Экономический пояс Шелкового пути — воплощение «китайской мечты» в международном формате. URL: http://www.centrasia.ru/news2.php?st=1427186400.

② Лузянин С.Г., Семенова Н.К. Россия — Китай — Центральная Азия: транспортныеи энергетические интересы//Обозреватель/Observer. 2016. Февраль. № 2 (313). С. 61.

③ 2005 年年底，中国通过了《中华人民共和国反恐怖主义法》，明确了法律至上、违法必究的原则，中国的反恐决心过去和将来都是不可动摇的。中国不仅将继续执行打击和防范威胁国家与地区安全的恐怖主义的政策，而且中国出于国际社会共同利益的考量，将积极参与国际反恐。http://russian.cri.cn/841/2016/01/12/1s571475。

中国特种武装部队将有权在中国境外行动。

与部分中亚国家的潜在冲突、里海领海划分问题、水资源及水电资源的分配问题，也困扰着俄罗斯与中国。

大多数俄罗斯专家认为，"一带一路"倡议面临的主要不稳定因素是宗教极端主义、原教旨主义和国际恐怖主义在沿线地区的力量增强。

根据俄罗斯资深专家在中亚地区监测数据，该地区的外国伊斯兰极端主义组织网络正在急剧扩张，伊斯兰国运动频发，这其中还包括与中国新疆接壤的区域。

由莫斯科国际关系学院博加图诺夫教授提出的假设似乎在中亚和其他动荡地区得到证实，在现今条件下，大规模的能源和运输项目将不断地引发国际冲突，如果脱离对沿线管线政治风险的分析，将难以预测这些冲突的地理发生位置。①

在关于推进共同建设"一带一路"的行动方案和计划中，不仅缺少对参与国在安全领域应采取的措施阐释，还缺乏对中国及其合作伙伴在实施"一带一路"倡议中可能面临的潜在挑战和威胁的详细说明。

从最开始，中方就用简短而模糊的措辞表述敏感的安全问题，以此避免意见冲突，抑或是避免外界指责"一带一路"倡议不仅是中国意在加强自身的地区经济地位，也是中国在力图提升自身地区军事政

---

① Богатуров А.Д. Россия в глобальной системе обеспечения энергетической безопасности// Южный фланг СНГ. Центральная Азия—Каспий—Кавказ: энергетика и политика. Вып. 2/под ред. А.В. Мальгина, М.М. Наринского. М., 2005. С. 12.

治地位，而这些都是基于中国自身利益的考量。由于安全问题与国防政策密切相关，因而也与参与国的主权密切相关，因此，中国可能有意将这一议题从合作的总框架中转移到双边或非公开的层面。此外，安全问题同任何其他问题一样，需要以高度的政治互信为讨论基础，而且鉴于参与国数量众多，中国似乎更倾向于不在该领域采用统一路径方法。

与此同时，显而易见的是，当前在任何地区的项目实施中，都应考虑到传统与非传统安全面临的一系列威胁。因此，像"一带一路"这样的大规模倡议也必须对该问题有所考虑。

在中国出版的相关文献中最多的是关于地缘政治风险的著作。这些著作认为，"一带一路"的政治风险主要来源于西方国家，西方故意曲解或误导人们理解中国发起"一带一路"倡议的动机。虽然中国一再表示不谋求霸权，但其日益增强的影响力引起了西方的关注。中国被西方国家视为可能挑战现有世界秩序的主力军。金砖国家新开发银行、亚洲基础设施投资银行和丝绸之路基金的建立，被视为中国意在建立新世界秩序的证据。

部分中国专家认为，人们将"一带一路"倡议视为中国的对外扩张政策，正是该倡议面临的严峻挑战。正是因为这种顾虑，有的国家虽然口头上表示支持，但在实际参与方面仍持谨慎态度，甚至对中国采取平衡战略。[1]

也有学者认为，区域性和非区域性大国将不可避免地对中国倡议

---

① 张蕴岭：《"一带一路"要应对三大挑战》，《中国经济周刊》2015 年第 17 期。

表现出更多不信任，其结果可能是，这些国家将制定能够挑战"一带一路"沿线国家体系构成的相关政策。

有几个国家需要予以特别注意：第一，美国和日本；第二，印度；第三，俄罗斯。① 学者们注意到，如果从历史角度审视项目合作伙伴间的关系，那么应该注意到中国与某些"一带一路"沿线国家在历史上就已互不信任。其中许多国家尚不是中国的主要经贸伙伴，中国与一些国家也缺乏人文领域的交流，也可能由于领土冲突和历史争端问题导致关系疏远。② 此外，在一些国家中还存在种族、宗教、阶级和内部区域间等其他冲突，而这些深层的结构性冲突会削弱国家力量，当前，弱国家—强宗教、强族群和区域团体的政治气候正在此类国家中愈发普遍。

某些境外大国通过对他国内部冲突施加可控影响，能够轻易为中国重要战略合作项目的实施或关键设施的建设带来损失。③ 恐怖主义带来的地区不稳定无疑是中国在"一带一路"倡议框架下实施项目面临的严峻挑战之一。

中国专家在著作中详细分析了恐怖主义威胁和其他安全领域挑战可能带来的影响。他们指出，在部分"一带一路"沿线国家，由于极端主义和恐怖主义活动，正在出现极不稳定的政治局势。

---

① 杨思灵：《"一带一路"倡议下中国与沿线国家关系治理及挑战》，《南亚研究》2015 年第 2 期。

② 邹磊：《中国"一带一路"战略的政治经济学》，上海人民出版社 2015 年版，第 245、250、269、281—285 页。

③ 刘青建、方锦程：《恐怖主义的新发展及对中国的影响》，《国际问题研究》2015 年第 4 期。

"一带一路"项目的推进，让中亚、西亚和非洲地区的中国国企与私企数量增加，中国工程师、技术工人及游客人数也不断增长，但由于这些地区恐怖组织活动频发，中国公民的生活和安全面临威胁。①

中国学者在一项研究中指出，目前在安全领域中"三股恶势力"（恐怖主义、分裂主义和极端主义）与跨境犯罪（主要是海盗和毒品走私）是丝绸之路经济带沿线国家面临的主要跨国挑战。②此外，中国在一些国家的行为可能会被西方的非政府组织曲解为中国意在争取地区领导地位。中国专家警示，此类观点的传播可能会导致工作停滞或引起极端主义行为。③

为应对安全领域存在的威胁，中国专家建议采取以下措施：

1.在合作过程中，为伙伴国家提供更多公共安全产品。"一带一路"沿线地区的传统和非传统安全威胁交织，单个国家无法独自应对这越来越严峻的挑战。因此，专家们认为，中国与"一带一路"沿线国家应继续在安全领域开展合作，特别是在非传统安全领域，因为中方在该领域具有应对威胁的更强能力。

基于此，可行的方案是：将部分盈利用于建立地区安全保障基金，这将为"命运共同体"中重要安全建设提供资金保障。中国专家指出："当然，安全领域公共产品的提供应当具备快速性与连续性，

① 刘青建、方锦程：《恐怖主义的新发展及对中国的影响》，《国际问题研究》2015年第4期。

② 邹磊：《中国"一带一路"战略的政治经济学》，上海人民出版社2015年版，第245、250、269、281—285页。

③ 王义桅：《"一带一路"：机遇与挑战》，人民出版社2015年版，第111—116页。

这项工作应该引起更多关注与重视。"①

2. 在应对地缘政治风险时，应特别注意不同区域国家，特别是大国的利益和顾虑。作为领土争端的一方，中国应恪守"主权归我、搁置争议、共同开发"的原则，兼顾各争端方的经济利益，通过协商解决冲突。在应对政治不稳定性加剧的情况时，中国应该遵行不干涉原则，发挥建设性作用，并呼吁各有关方面和平解决冲突，以维护本地区稳定。

大国在地区安全议程中发挥着重要作用。在此，美俄因素具有极其重要的意义。美国是一个霸权国家，并在地区中享有广泛的利益，而俄罗斯传统上一直是地区强国，并且仍然对安全问题具有一定影响力。

当前，中国、美国和俄罗斯可以充分利用双边和多边合作机制，采取灵活多样的互动形式，开展各层级合作，以增强政治互信，寻求利益共同点。与美俄关系不同的是，俄中关系更易得到强化，因为两国都期望实现国家复兴。对中国而言，在处理与俄罗斯的关系时，需将自身利益与欧亚经济联盟的利益相对接，同时确保中国"一带一路"倡议的稳步建设。

中美两国之间则存在结构性"安全矛盾"。美国以零和博弈的视角看待中国的发展，视俄中互动为"排挤美国"。与此同时，在地区的领土争端和个别国家政局不稳的背后暗含着重要的美国因素。中美在安全领域的合作首先应着眼于打击恐怖主义、海盗行为、有组织跨国犯罪和非传统安全领域的挑战。中美两国应运用各种对话机制，逐

---

① 蔡鹏鸿：《为构筑海上丝绸之路搭建平台：前景与挑战》，《当代世界》2014 年第 4 期。

步增强互信，这将有助于双方更好地应对威胁与挑战。

3.需要强调的是，"一带一路"是宏大的经济一体化进程，其不具备地缘政治色彩，更不涉及军事战略内容。为应对安全风险，应加强与其他国家的合作，共同打击恐怖主义、极端主义、分裂主义、毒品走私和跨国犯罪。

在安全方面，中国正在加强与区域和次区域组织的反恐合作。除经济问题外，安全问题也应纳入与"一带一路"参与国合作的议事日程。中国可以从特定领域开始尝试，与少数参与国建立多边安全机制，如在南海创建共同的禁渔制度，进行联合巡逻，开展双边和多边军事演习。为坚决打击"三股"势力和跨国犯罪，上海合作组织应采取相应措施，且首先应在阿富汗展开行动。中国还应加大对巴基斯坦的战略支持，特别是在加强伊斯兰堡的反恐活动计划方面，同时有必要加强与沙特阿拉伯、卡塔尔、土耳其和其他中东国家的协调工作，以切断"三股"势力的石油资金渠道。中国专家认为，为确保跨境基础设施的顺利运行，特别是在具有重要战略意义的项目中，可以考虑借用安保公司的力量。

（二）大欧亚伙伴关系

大欧亚伙伴关系构想成形于2015年12月3日，俄罗斯总统在向联邦会议发表的国情咨文中，倡议欧亚经济联盟、东盟和上海合作组织成员国（包括即将加入的新成员国）进行经济伙伴关系磋商。2016年，大欧亚伙伴关系在各个多边场合被反复提及，实际上成为俄罗斯发展欧亚一体化最具代表性的倡议。①

由此，可以常常听到对这一概念的质疑声（特别是在西方），认为俄中之间似乎存在某种难以克服的矛盾，二者不可能形成新的力量极。实际上，这里所讨论的矛盾在于欧亚主要国家间都并未如此深刻或具有零和性。俄中两国正在共同的相邻地区中寻求不同的资源和潜力：一方寻求劳动力，另一方寻求投资扩展空间。两国都迫切地关注地区安全和政治体制稳定问题。②

世界贸易组织地位的下降，"封闭性"区域贸易联盟的建立让俄罗斯产生了担忧，这在很大程度上促使俄罗斯提出大欧亚伙伴关系倡议。俄罗斯提出的是一个在严格遵守平等开放原则的条件下，协调不同区域经济形式的方案。普京将欧亚经济联盟及其同中国的对接谈判视为有效经验，并认为这将有助于未来构建大欧亚伙伴关系。俄罗斯的最终目标是让欧亚经济联盟成为欧亚地区一体化网络中的核心架构。

俄罗斯官方始终强调，大欧亚伙伴关系倡议不具有封闭或对抗性质。第一，大欧亚伙伴关系的形成将基于开放原则，不允许将伙伴关系转变为封闭的经贸联盟。第二，大欧亚伙伴关系将基于世界贸易组织的公开、互利原则，并在此基础上发挥作用。俄罗斯认为主权不可分割逻辑原则，不仅应适用于安全领域，也应适用于打造全球经

---

① В.В. Путин выступил на пленарном заседании Петербургского международного экономического форума. 17 июня 2017г., http://kremlin.ru/events/president/news/52178.

② Бордачев Т.В. Новое евразийство. Как сделать сопряжение работающим//Россия в глобальной политике. 2015. Сентябрьоктябрь. URL: http://www.globalaffairs.ru/number/Novoeevraziistvo17754.

济空间。

在初始阶段，大欧亚伙伴关系可以侧重关注以下问题：保护资本投资、简化货物跨境运输程序、共同制定新一代商品技术标准，以及在平等、互利的基础上相互开放服务和资本市场。

大欧亚伙伴关系的形成可以从简化和统一合作、投资、非关税、技术、植物检疫、海关及知识产权保护的监管措施着手，随后逐步减少，进而取消关税限制。同时，还应当依靠不同程度、速度与互动开放水平的双边和多边贸易协定网络（这取决于不同国家经济对国家间合作的开放程度），并以科学、教育和高科技领域的联合项目协议为发展基础。①

一些专家认为，俄罗斯将大欧亚伙伴关系作为区域经济一体化形式，以此来回应美国的跨太平洋伙伴关系和中国的丝绸之路经济带倡议。大欧亚伙伴关系印证了强化俄罗斯与亚洲关系的重要性，也可以成为国家发展的亚洲战略。对俄罗斯而言，建立大欧亚伙伴关系将为亚太地区增加粮食、能源、工程、教育、医疗和旅游服务供应创造新的机会，使国家在新技术市场的建立中发挥主导作用，并让亚太国家的全球贸易在俄罗斯进一步开展。②

俄罗斯的主要目标是让"一带一路"成为加强和改善欧亚经济联盟的工具，防止二者竞争，从而使"一带一路"倡议中的资源成为构

---

① В.В. Путин выступил на пленарном заседании Петербургского международног-оэкономического форума. 17 июня 2017г. http://kremlin.ru/events/president/news/52178.

② Послание Президента Федеральному Собранию, 3 декабря 2015 г.http://www.kremlin.ru/events/president/news/50864.

建大欧亚政治经济共同体的基础。另一个优先发展方向（它也体现中国"一带一路"的内容）是发展南北运输物流走廊和进行跨国合作。这一结论是由俄罗斯资深学者在俄罗斯高等经济研究大学世界政治与经济系召开的圆桌会议上提出的。①

俄罗斯高等经济研究大学博尔达切夫教授强调："在丝绸之路经济带框架下，有必要加强欧亚经济联盟与中国的政策协调机制，如讨论建立成员国代表常驻欧亚经济委员会制度问题，并针对对接问题在欧亚经济联盟设立政府间常委会。目前在欧亚经济联盟与中国的谈判中，代表团暂时扮演着这样的协调角色。"博尔达切夫还强调："代表团负责谈判的进行，筹备国家元首与政府首脑定期会晤，未来，俄罗斯还可以同中国共同建立代表团制度，并在协议中对其运行机制进行规定。"②

欧亚经济联盟与中国的关系不能被视为单纯的贸易关系。"一带一路"是基础设施和投资的倡议，这就需要在立法层面协调互认技术法规与规范。同时，对技术监管程序的大规模对接和简化应以产品种类为单位。

对接与建设新的大欧亚伙伴关系对俄罗斯来说很重要，对中国来说也很重要。美国试图控制和限制中国的影响力。虽然理论上这一政策可能会发生变化，但中美两国在全球层面和海洋空间的竞争将会加剧。中国对陆地的安全友好环境，走向西方（国家），以及在西方和南方国家开辟新市场都具有浓烈兴趣。由于亚洲民族特性以及中国合

---

① Бордачев Т.В. Новое евразийство. Как сделать сопряжение работающим.

② Бордачев Т.В. Новое евразийство. Как сделать сопряжение работающим.

作伙伴缺乏实施大规模地缘战略计划的经验，其进展将比俄罗斯预想的要慢。

　　将工作划分为与北京既无关联、又不协调的国家互动路线是地区项目对接以及欧亚一体化面临的最大威胁。为此是有一系列主客观先决条件的，尽管各方有按照欧亚经济联盟——中国路线开展行动的原则约定。中国不谋求欧亚经济联盟的分裂，但也不会阻碍该组织成员国希望与其在双边基础上进行合作的想法。而且，在大多数情况下，这种方式对中国来说最为便利。①

　　资料：未来，大欧亚伙伴关系的形成将促使俄罗斯实现多元化政策，在俄罗斯强化与中国、东盟、日本、印度、越南，以及其他亚太地区和欧亚大陆国家合作的情况下，有助于构建更加平衡的对外关系体系。与此同时，考虑到俄中两国在欧亚地区的立场，俄中经济伙伴关系将在大欧亚伙伴关系中发挥重要作用。中国支持宏观区域框架下的大欧亚合作理念，因为这建立在全面伙伴关系构想和开放思想的基础之上。此外，在加强与欧亚地区国家之间的关系时，中国不会将自己视为特例，而是以共存与共同发展的思想为指导。中国认为俄罗斯是欧亚地区的战略伙伴，并期待与俄罗斯进行合作，以实现同欧亚关系的全面发展。

---

① Бордачев Т.В. Новое евразийство. Как сделать сопряжение работающим.

　　大欧亚伙伴关系构想与"一带一路"倡议紧密交织，可将二者视为伙伴倡议。大欧亚伙伴关系发展仍处于形成阶段，当前人们对其内涵和规模尚未达成共识。现阶段，在大欧亚地区中建立统一的合作机制并不是主要任务，而且这在现有条件下也不太可能实现。大欧亚地区太过广袤，其中包括许多差异显著的国家，因此无法建立统一的合作框架。然而，从长远来看，大欧亚伙伴关系可以借助不同机制和形式，成为一个包含多层次互动的"万能概念"。

　　俄罗斯、中国与中亚的"对接"包括俄中一些地区的经济发展任务，这可以成为初步分析对象。比如，"伏尔加河—长江"流域的伙伴合作。整体上，国家的内陆地区被定位在与亚洲的中、南和西部地区开展合作，新疆维吾尔自治区在西部陆路方向上能够起到"窗口与先锋"的作用。

　　对俄罗斯而言，在参与"一带一路"倡议过程中，吸引中国强大的银行业极为重要。众所周知，除由丝绸之路基金运作的亚洲基础设施投资银行外，亚洲开发银行、欧洲复兴开发银行、世界银行等也都参与到"一带一路"倡议的实施。

　　中国倡议的一个关键内容是在欧亚和世界其他地区建设新铁路及实现旧铁路的现代化，并以此作为开展运输和基础设施项目的初始组成。这种物流网络的优化对俄罗斯是有利的，因为从符拉迪沃斯托克到加里宁格勒的广阔空间的发展，在很大程度上取决于是否有运输走廊，及其能否发挥自身作用。

　　很明显，根据中国"丝绸之路"倡导者的策划，中国应该加强运输项目对外直接投资。这些投资旨在增强中国运输领域的创新产品和先进技术的出口，发展运输网络建设的欧亚市场。境外运输网络的建设也将加速中国中西部省份的经济发展。欧亚陆路交通的发展也将刺激中国对外贸易规模的扩大。

俄罗斯很清楚"一带一路"倡议的整体地理轮廓，铁路、公路和海路规划，以及参与其中的欧洲和亚洲国家。

资料：未来，运输网络的联合将促进亚太地区和西欧国家间的运输走廊建设。建立起的网络将覆盖18个亚洲和欧洲国家，共计5000万平方公里，以及30亿人口。[①] 在过去十年中，中国与丝绸之路沿线国家的商品贸易总量年增长率约为19%，2014年中国与这些国家的贸易额超过6000亿美元。[②]

俄罗斯看重的是，"一带一路"倡议意味着中国在开始触及中亚地区，而俄罗斯在该地区则具有系统性的战略利益。事实上，"一带一路"倡议是一个连接21个国家，从东亚到欧洲的大型经济合作项目，中国是该项目的主要执行者和发起者。"一带一路"倡议并不是要建立欧亚自贸区，而是要在中国的帮助下，在欧亚地区发展经济、交通和基础设施项目。

---

① Лузянин С.Г., Сазонов С.Л. Экономический пояс Шелкового пути: модель2015 года//Обозреватель/Observer. 2015. № 5 (304). С. 39.

② Li meets APEC Finance Ministers Meeting's delegations heads in Beijing, http://english.people.com.cn/n/2014/1021/c1028398797994.

　　"一带一路"项目将加强中国直接投资"走出去"进程，这将增加中国交通领域的创新产品和先进技术产品的出口量，垄断欧亚市场的交通网络建设。境外运输网络的建设将加速中国中西部省份的经济发展，并且由于陆路交通运输的完善，也将促进中国对外贸易的总量提升。

　　可以预见，中国倡议的核心在于基础设施。"一带一路"中的运输项目，将确保中国在中亚、西亚、南亚、东南亚、高加索、东欧地区等国家的经济和政治影响力增强。①

　　除基础设施外，中国也将在丝绸之路经济带伙伴国家内部进行促进社会经济发展的大规模投资，其方式包括商品贷款和其他贷款。显然，该领域需要中国投入巨额的财政资源。

　　资料：中国的投资旨在改善本国中西部省份的交通网络，发展中亚、南亚、东南亚国家和部分欧洲国家的基础设施。2014 年 11 月，（福建省）福州市政府与中国银行区域分支机构及中非发展基金决定共同设立规模为 100 亿元（合 16 亿美元）的"21 世纪海上丝绸之路"金融基金，而广东省政府已表示，希望成为该基金的共同投资者。在未来十年中，亚洲基础设施的建设将迎来繁荣局面，基础设施建设市场的年增长率将达 7%—8%。到 2025 年，亚洲基础设施建设投资预计将达到 5.3 万亿美元，占全球基础设施

----

① Лузянин С.Г., Сазонов С.Л. Экономический пояс Шелкового пути: модель 2015года. С. 40–41.

建设投资的 60%。[①]

◇◇

克服经济发展的空间失衡，这是俄罗斯需要克服的关键问题。俄中两国在该领域的合作开端是莫斯科—喀山高铁项目，以及西伯利亚干线（包括哈萨克斯坦和中国段线路）现代化升级改造项目。

俄中两国签订了关于进行国际仲裁的投资保护协议。但实际上这一协议尚未在实践中发挥作用，如果出现需要仲裁情况，履行仲裁的双方或可以根据协议获得其他方式的担保。未来可行的方式可以是采取一个具有公信力的新仲裁方式（或使用现有的，但需参照补充协议）。新加坡就是可选择的对象之一，其在投资问题上遵照英国法律，且司法机构具有政治独立性。也可以在上海合作组织的领导下，如在符拉迪沃斯托克自由港或中国香港审理专门的仲裁问题。[②]

遗憾的是，在关税同盟、统一经济空间及现在的欧亚经济联盟中，建立特殊的投资制度的问题一直被忽视。与中国的互动能够给欧亚经济联盟内部带来调节刺激。与保护投资者、给予担保、解决投资和其他合同纠纷问题的制度不同，这种制度能够架空专项的具体（双边）协议，并具有一定的法律基础。

如果将"一带一路"的所有铁路通道与俄罗斯的相连接，那么就可以看到"欧亚铁路"的景象。

俄罗斯试图扩大与中国及其他中亚国家建立过境走廊的合作规

---

① Лузянин С.Г., Сазонов С.Л. Экономический пояс Шелкового пути: модель 2015 года. С. 40–41.

② Бордачев Т.В. Новое евразийство. Как сделать сопряжение работающим.

模，同时，中亚国家也希望在本国和中国领土建立新的（"自己的"）欧亚走廊，而这将会成为过境货运的外汇来源。

建设新过境运输走廊的影响十分明显，其将扩大该地区与上海合作组织成员国的往来，同时，新的走廊与中国铁路相连接运费较低，这将让西伯利亚干线面临实质上的竞争。[①]

需要考虑到中国境内铁路运输业务的较高盈利水平，这是有助于中国路线和技术供应的依据。正如俄罗斯铁路股份公司原总裁亚库宁所指出的那样："目前中国的机车价格比俄罗斯便宜二分之一以上，并能够适应高达 160 公里的时速运转。"[②]

就俄罗斯的利益而言，"西欧—中国西部"高速公路项目也很重要，其中一段路线途经俄罗斯，但其最终发展前景尚不明确。同时，该项目也可以促进中国货物经由俄罗斯出口到欧洲（相应的，俄罗斯将获得过境收入）。该项目的俄罗斯段预计 2020 年前完成施工。[③] 对哈萨克斯坦和欧亚经济联盟与"一带一路"倡议框架内的共同合作而言，这是一个非常敏感的问题。

"一带一路"框架内建设高铁系统，有助于将缺乏出海口的中亚国家和蒙古，以及俄罗斯中部、西伯利亚地区人口稀少和欠发达地区，纳入国际贸易和工业发展轨道。这样一来，连接欧洲和亚洲

---

① Лузянин С.Г., Семенова Н.К. Россия—Китай—Центральная Азия: транспортные и энергетические интересы. С. 57.

② Якунин В.И. Проблемы международной гармонизации железнодорожного права России. М.: Научный эксперт, 2008. С. 141.

③ Шадрина Т. От Европы до Китая проложат дорогу//URL: http://www.rg.ru/2013/03/18/dorogasite.

的陆上经济发展走廊将被构建起来。从这个角度来看，"一带一路"倡议也是按照欧亚大陆现有经济体一体化组织之间对接的理念进行落实。

资料： 欧亚交通干线的中央路线是欧亚大陆走廊最重要的方向，同时也是"一带一路"不可或缺的一部分。该路线保障从亚太、中国到欧洲、波斯湾的货物出口运输。欧亚交通干线中央路线的中国—哈萨克斯坦—乌兹别克斯坦—土库曼斯坦—伊朗—土耳其—欧洲国家（连云港—阿拉山口—多斯特克—阿克托盖—阿拉木图—泰德—马什哈德—塞拉克斯—德黑兰—塔布里兹—安卡拉—伊斯坦布尔—巴黎—鹿特丹）等线路方向，将保障中国和中亚三国直接与欧洲对接，并连接波斯湾的阿巴斯港和阿曼湾的恰巴哈尔港等主要贸易港口，进入南亚和东南亚国家。2014 年 12 月 3 日，乌津—波罗沙克（音译）（哈萨克斯坦）—谢勒赫加（音译）—吉孜尔格亚克（音译）—别列哥特（音译）—克孜勒阿特雷克（土库曼斯坦）—戈尔甘（伊朗）的欧亚交通干线中央路线的中亚段正式开通。从哈萨克斯坦经土库曼斯坦到伊朗北部的古丽斯坦省的铁路总长超过 926 公里，其中有 146 公里穿过哈萨克斯坦，700 多公里穿过土库曼斯坦，80 公里穿过伊朗。哈萨克斯坦期待沿中央路线运输的亚洲货物，主要在中国和哈萨克斯坦境内运输，并运往伊朗、土耳其和欧洲。据初步估计，未来五年内欧亚交通干线中央路线的铁路运输预计货运量将超过 1000 万吨，未来还可能超过 2000 万吨。①

中国正在研究建造一条与铁路平行的公路干线，以及经喀什—伊斯兰堡—卡拉奇—瓜达尔的输油管道。由于从巴基斯坦到中国的道路质量较差，当前两国之间的绝大多数贸易都是通过海路运输，每年仅有 10 万吨货物通过陆路运输。②铺设从喀什到瓜达尔的铁路，将使货物运输时间缩短到 10 天（海运需要 30 天）。

如果交通运输项目得到实施，巴基斯坦瓜达尔深水港将会成为中东原油运输到中国的重要交通线路，且在陆上绕过马六甲海峡，中国也能够据此向阿拉伯国家出口货物。

总结铺设欧亚支线的各种方案，可以看到，这是一个开发大陆的多样化交通战略。但是，也存在一些将欧亚各条支线转变为完整意义上的欧亚运输路线的障碍。由于欧亚运输路线中亚段的技术条件单薄，导致发展欧亚跨境运输受到限制。中亚各国的过境关税协调不充分，以及基本的法律制度水平无法保障快速便捷的货物运输期限，而多次过境会导致货物的实际交货时间延长。

对于习近平 2013 年提出的"一带一路"倡议，俄罗斯及其他当时的关税同盟成员国，一开始是带有某种警惕的。一些俄罗斯专家甚至说，倡议是中国对上海合作组织发展缓慢的反应，"丝绸之路"是中亚及周边地区更有效发展的选择。

现在已经很清楚，情况并非如此严重，相反，甚至在某些领域

---

① Лузянин С.Г., Сазонов С.Л. Экономический пояс Шелкового пути: модель 2015.C. 41–43.
② http://russian.china.org.cn/business/txt/201401/25/content_31304664.

（基础设施、投资）对俄罗斯而言是有利的。

我们已经弄清楚，习近平提出的项目雄心勃勃，且面向长时段发展，同时反映出中国崛起为新兴超级大国的地缘政治节奏与特征。但与此同时，它并不针对，也不会破坏其他两个组织的发展，包括中国与俄罗斯作为主要参与国的上海合作组织，以及 2015 年 1 月 1 日启动运行的欧亚经济联盟。

在实施"一带一路"倡议的过程中，俄罗斯在与中国多边和双边关系的框架内并不是一个消极旁观者。俄罗斯有意强化"一带一路"、欧亚经济联盟和上海合作组织之间的对接进程。在上海合作组织与欧亚经济联盟和"丝绸之路"的互动轨迹中，可以清楚地观察到俄罗斯的兴趣所在。

与此同时，在此进程中，各种选择／方案都是可能的：（1）发展上海合作组织—欧亚经济联盟"北线"的一体化或对接，包括依靠中国资源来强化欧亚开发银行的发展；（2）"南线"方案：上海合作组织——"丝绸之路"。但是，第二个方案在可能期限和实施可能性方面被视为更晚一些的选项。也不排除两个项目平行发展的可能性。

中国"一带一路"与欧亚经济联盟的对接进程，将不可避免地引起欧亚大陆地缘政治重心的转变。与 5—10 年前相比，如今欧亚空间的政治版图已经呈现新的面貌。俄罗斯和中国作为主要玩家的重要性和作用逐渐增加，在莫斯科与华盛顿、布鲁塞尔持续对抗的背景下，这对俄罗斯的现实意义更加凸显。

俄罗斯政治学家准确地捕捉到了类似的应变。比如，俄罗斯高等经济研究大学的博尔达切夫教授就特别指出："以欧亚大陆核心区

域（西伯利亚、哈萨克斯坦、中国西部省份和中亚国家）为重心，打
造独立的欧亚大陆增长极，使其可以成为 21 世纪上半叶最重要的地
缘经济和地缘战略进程之一。几个世纪以来，欧亚大陆只不过是一座
'桥梁'，也是外部玩家实现其利益的对象。今天，欧亚地区首次开始
获得其独立性。未来，欧亚地区将向构建大欧亚共同体迈进，既包括
以欧亚经济联盟和中国为代表的'硬核'，也包含其他区域国家。"①

我们认为，将欧亚大陆从"桥梁"转变为独立国际政治共同体的
构想是有发展前景的。这种构想有助于以全新视角重构和预测欧亚国
际经济关系体系，同时确立优先或主导合作形式（如双边和多边），
分析正在推进中的"一带一路"倡议的优势和劣势，找出构建地方性
自贸区和 / 或统一欧亚自贸区，以及推进商品、服务和资本流动的
前景。

欧亚地区正在形成进一步落实中国、俄罗斯与中亚国家共同发展
理念的条件。这对区域经济及安全都很重要，由于美国在阿富汗的政
策失败，以及来自非国家行为体（伊斯兰国和其他极端主义组织）与
日俱增的威胁，这些都已经成为越来越严峻的问题。

学界需要就俄方提出的以欧亚经济联盟和"一带一路"倡议对接
为轮廓，构建"欧亚大陆伙伴关系"的构想，展开进一步研究。扩大
可能的互动领域，超越贸易和经济合作，以及基础设施建设，似乎将
会更符合各方共同利益。

实施未来欧亚大陆联合愿景的下一步可能是俄中关于欧亚大陆整

---

① Бордачев Т.В. Новое евразийство. Как сделать сопряжение работающим.

体发展的构想（既包括经济问题，也包括安全问题）。没有分界线和
障碍（贸易、移民、政治、文化、宗教层面）限制的欧亚地区，才是
欧亚各国间关系新水平的体现。在推动构建"欧亚大陆伙伴关系"的
过程中，作为联合国安理会的两大常任理事国并对当代世界问题持相
似看法的俄中两国，将会扮演决定性角色。还可以充分利用以集体安
全条约组织和上海合作组织为代表的国际安全机制的发展潜力。

基础设施赤字仅是本地区面临的部分问题。应将重点放在与安全
赤字相关的瓶颈问题上（包括强化反恐力量、预防性外交手段，共同
打击跨国犯罪和毒品走私等）。

正如博尔达切夫指出的那样："将工作划分为与北京既无关联、
又不协调的国家互动路线是地区项目对接以及欧亚一体化面临的最大
威胁。为此是有一系列主客观先决条件的，尽管各方有按照欧亚经济
联盟—中国路线开展行动的原则性约定。中国不谋求分裂欧亚经济联
盟，但也不会阻碍该组织成员国希望与其在双边基础上进行合作的想
法。"①

而且，在大多数情况下，这种方式对中国来说最为便利。近期俄
罗斯各机构的专家围绕这个问题的讨论表明，有必要再次向中国伙伴
传达一种想法，即以欧亚经济联盟—中国—中亚为形式的合作，不要
仅局限于各方之间的贸易关系。俄罗斯显然需要与欧亚经济联盟伙伴
国不断接触和对话，也应该提醒它们作为相对较弱的小国，这种多边
合作形式对其会更加有利。

---

① Бордачев Т.В. Новое евразийство. Как сделать сопряжение работающим.

欧亚经济联盟下设的欧亚经济委员会，暂时不愿积极利用非关税性质的工具（技术调节、植物检疫规范和标准、劳动力市场监管等），来促进欧亚经济联盟与中国之间的合作。在这方面，有必要扩展欧亚经济委员会职权范围到新领域，首先是运输和投资领域。这可以通过有绝对影响力的欧亚经济委员会最高理事会（国家元首），就修改《欧亚经济联盟条约》作出决议。[①]

俄罗斯规划中的"一带一路"问题的政治外交背景，无疑与上海合作组织的转型有关，这种转型客观地影响着中国"丝绸之路经济带"与欧亚经济联盟之间的现实与未来互动。

（三）欧亚三角—俄蒙中

当前，发展俄蒙中三边关系是俄蒙合作议程核心的最重要的组成部分之一。中国因素一直是俄蒙合作的主要限制因素之一，同时也是俄蒙合作的推动因素之一。这种传统模式受到16—21世纪"俄罗斯—蒙古（内外部）—中国"三方关系形成和发展的历史限制。在此期间，三方在经济、政治和国际法律关系方面实现某种平衡。当前，由于中国拥有的巨大机遇和诸多资源，使得中蒙合作进一步加强。

在评估这种（三边）模式时，以俄罗斯和中国在蒙古的竞争或合作为代表的"传统"方法原则得以保留。无论如何，在比较俄蒙合作与中蒙合作的发展成效时，对俄罗斯的关键指标是中国在蒙古的贸

---

① Бордачев Т.В. Новое евразийство. Как сделать сопряжение работающим.

易、投资、基础设施建设等有多大规模。

俄中几十年来积累的伙伴关系具有诸多客观机遇。20 世纪 90 年代和 21 世纪初，俄中战略伙伴关系和俄蒙中（区域）合作是"平行"存在的且互不影响。在 2014 年召开的上海合作组织杜尚别峰会期间，俄蒙中三国领导人宣布构建三边关系，并在 2015 年召开的金砖国家乌法峰会上正式启动，三国还在欧亚空间内构建经济走廊的"路线图"。

这样一来，俄中战略伙伴关系从政治上被融入三边合作体系，这种"平行性"得以消失。

2016 年，俄罗斯科学院远东研究所专家提出建议，推动构建由三国主要学术机构组成的三方专家对话论坛，目前该组织积极开展学术活动。

俄蒙中欧亚三角已经融入中国"一带一路"倡议的东线和蒙古的"草原之路"项目，进一步推动俄蒙、中蒙双边经贸与能源关系的发展。①

显然，沿呼和浩特（中国内蒙古自治区）—乌兰巴托（蒙古）—乌兰乌德(俄罗斯联邦布里亚特共和国）构建交通运输和投资"走廊"，不仅有利于蒙古自身的发展，也有利于俄中毗邻地区的共同发展。

---

① 2016 年年初，蒙古领导人决定在色楞格河上修建三座水电站导致俄蒙能源关系复杂，因为色楞格河注入贝加尔湖，是贝加尔湖最主要的补给水源。根据俄罗斯生态学家评估，在色楞格河上游修建此类梯级水电站，将导致贝加尔湖水位下降和其他生态灾难。蒙古领导人的依据是色楞格河流经蒙古境内，并且蒙古缺少能源。该问题在三国元首（俄罗斯、中国、蒙古）层面和多场总会晤层面（上海合作组织、亚欧会议等）进行了讨论。俄罗斯提出增加向蒙古能源出口量（煤炭、供电）以弥补当前蒙古能源赤字。中国在此争议中支持俄罗斯的立场，支持蒙俄就该问题展开双边对话。但是到目前为止，建设水电站的问题仍然存在。

资料：早在 2005 年，即构建俄蒙中三边合作模式之前，中国就开始在内蒙古自治区北部的乌兰布和沙漠和巴丹雅兰沙漠修建 1390 公里长的铁路。该路线不经过蒙古，从东到西沿相邻的内蒙古——从临河到西经乌兰布和沙漠，沿巴丹雅兰沙漠北端，再经新疆维吾尔自治区和甘肃北部。内蒙古自治区境内铁路段全长 1070 公里，建成之后，铁路直接连接中国西北地区，为新疆维吾尔自治区、中国东北省份和北京之间提供便捷交通。俄中和俄蒙合作开发蒙古的塔万托尔盖战略煤矿是一个有前景的备选方案，这里是世界上最大的采矿场之一。[①] 目前，在俄中参与的国际财团框架内，已经在巴泰市（中国内蒙古自治区）修建起一条窄轨铁路，以及一条通往索伊尔和德昂布拉克（蒙古）的铁路。

俄罗斯与蒙古的双边合作形式，涉及贸易发展、联合管理和现代化升级一些旧的联合项目，同时也设立新的联合项目。在俄蒙中机制下，恰克图（俄罗斯）—阿尔坦布拉格（蒙古）全面运行的"开放经济区"，可以成为进一步推动双方合作的动力。

中国在蒙古能源领域占有一席之地。比如，中国公司在蒙古多诺加工和开采石油。

[①] 塔万托尔盖锰矿已经探明储量为 500 亿吨焦炭和电煤，矿区距离最近的铁路约 400 公里。引自 Азиатский банк развития, ключевые индикаторы. Монголия. 2006. Манила. АБР. 2016. C. 349–301. 323–326。

　　资料：20 世纪 90 年代后期，中国成为蒙古的主要贸易和经济伙伴，占蒙古出口的 42.2%、进口的 25%。1990 年，蒙古与中国的贸易额为 3360 万美元，2014 年达到 34 亿美元，也即增长 100 倍。蒙古已经成为中国最大的煤炭和褐煤供应商，满足中国高达 6% 的能源需求：2010 年，蒙古向中国出口 1640 万吨煤炭和 350 万吨铁矿石。蒙古出口中国的产品还包括原油、皮革、生皮、山羊绒和其他畜产品。此外，近十年，中国一直是蒙古的最大投资国，占蒙古外资的比重达 51%。

　　目前，共有 5300 家中国企业在蒙古开展经济活动，中国对蒙投资额达到 24 亿美元。2011 年和 2015 年，中国向蒙古提供总计约 2.81 亿元的优惠贷款，并在苏克巴托尔省加工锌矿。

　　政治、贸易、经济、文化和人文领域合作的稳步提升和发展，得益于两国关系拥有的坚实法律基础，迄今为止，中蒙之间总共签署 100 多项条约和协议。近二十年来，中蒙领导人之间的一系列互访，有力地推动两国关系提升到战略伙伴关系的新水平。

二、上海合作组织：俄中两国的协作领域

　　2017 年，在阿斯塔纳举行的上海合作组织成员国元首理事会上

通过的会议决议中，确立本组织在欧亚地区的实质性和数量方面的扩员（印度和巴基斯坦加入后，本组织有 8 个正式成员国）。与本组织安全领域相关的合作方向被凸显出来。显然，新的合作重点应该被本组织领导人确立，且应该是在相互信任和开放的基础上，并有利于所有成员国，遵循平等原则。

接纳新成员国，有助于上海合作组织既可以将注意力放在中亚传统区域，也可以关注南亚地区。也许这种扩大组织活动范围的做法，并非受到所有上海合作组织成员国的欢迎。

与此同时，相较于三四年前，上海合作组织正成为世界政治中越来越有影响力的国际力量，本组织内成员国遵守平等条件，越来越多地具有特殊现实意义。维持协商一致原则，有助于小国更有信心地参与本组织各项工作。

阿富汗因素。美军撤出阿富汗和叙利亚局势恶化之后，以及在伊斯兰国和其他极端主义运动的扩张条件下，中亚地区整体局势不稳定的可能性较大。这一趋势可能会对中国推进部分地区的"丝绸之路经济带"项目建设（包括对接进程），产生负面影响。极端主义的外部威胁，可能会破坏上海合作组织共同空间的稳定，还会影响到一些中亚国家和本组织内外的周边地区局势。

鉴于阿富汗因素和其他恐怖主义挑战的不确定性，谨慎地调整上海合作组织框架内军事或政治合作的时机，似乎已经成熟。加强本组织军事合作将对所有成员国有益。发展现有机制（区域反恐机构、"和平使命"军事演习、国防部长会议）和构建新的合作形式（维和部队、军事合作委员会），有助于提升本组织的合作潜力。与此同时，在深化本组织与集体安全条约组织合作的背景下，维持现有区域安全的双层结构似乎是可取的。这种模式应该构建在以维护和预先制止危害成员国安全和领土完整的外部威胁的防御性构想之上。

俄罗斯中国问题专家杰尼索夫认为，上海合作组织和整个欧亚地区内的安全问题并没有引起足够重视，正是在这个领域很可能存在最大风险。这些风险不仅与阿富汗未来的不确定性、本地区极端分子的活跃活动、跨国犯罪与毒品走私有关，而且还与丝绸之路经济带沿线各国之间的复杂关系，以及这些国家中的政治不稳定性有关联。

正如许多中国专家所指出的那样，伊斯兰国的极端组织已经成为近几十年来对抗传统世界秩序的主要恐怖主义威胁。中东的总体局势日益紧张，动荡更加频繁，这使本地区成为普遍和整体意义上的恐怖主义发展的有利空间。[①]

核不扩散问题。中亚是一个无核区。对上海合作组织而言，支持核不扩散倡议可能会越来越难（俄中是这一倡议的支持国）。众所周知，印度和巴基斯坦一度拒绝加入《不扩散核武器条约》。

印度和巴基斯坦加入上海合作组织，可以被认为在构建亚洲新的集体安全体系方面迈出了新的一步。事实上，拥有核武器的主要亚洲大国，都是上海合作组织成员国，这样，本组织的责任范围就扩大到南亚和中东地区。与此同时，上海合作组织作为一个致力于（事实上）建立"非美国世界"的非正式组织，应该考虑到，印度加入本组织将意味着美国（通过印度）对本组织的这种或那种行动施加间接影

---

① 李伟：《国际反恐要走正确道路》，《人民日报》2016 年 1 月 11 日。

响成为可能。

一些中亚国家之间的潜在冲突、里海领土划分问题，以及淡水和水电资源的分配问题令俄罗斯和中国担忧。

对上海合作组织而言，"旧的"传统挑战和风险依然具有现实性，这要求：

（1）寻求多边贸易、投资和交通运输合作的有效机制，这方面的合作还显著地落后于双边层面的政治合作。

（2）强化区域安全合作，应对西方联盟军队撤出阿富汗、阿富汗面临的挑战加剧，以及伊斯兰国运动的威胁。

（3）设立开发银行和储备基金，包括将中国资本纳入欧亚开发银行的备选方案。

2017年，推动上海合作组织的发展议程，恰逢当今世界矛盾加剧之际。对俄罗斯而言，上海合作组织的重要性越来越大。这里实际上提到的是本组织地缘政治形势的变化，即基于扩员倡议和欧亚经济联盟与中国"一带一路"倡议对接合作基础上，构建更加均衡、更加安全的新型大欧亚空间。

阿斯塔纳峰会之后的上海合作组织扩员，改变了本组织内的力量平衡，进一步提升了印度在本地区的地位。莫斯科、北京和新德里成为欧亚地区的不同支点，能够平衡中亚各国不同的经济发展速度，并确保参与国外交政策优先事项的平衡，消除小国可能对某一特定大国经济依赖增长的担忧。

与邻国构建自由贸易区是当下中国领导人的对外方针之一。中国专家一直以来均指出在中亚地区建立自由贸易区的经济可行性。中国商务部国际贸易经济合作研究院研究员刘华芹指出，现有发展区域经济合作的法律基础和上海合作组织构建起来的工作机制，能够为构建自由贸易区创造必要条件。

中国在上海合作组织内的优先合作方向包括：

（1）加强技术和经济合作；

（2）为贸易和投资创造有利环境；

（3）提高达成协议的执行效率。[①]

欧亚经济联盟运行起来之后，构建上海合作组织框架自由贸易区的前景，已转变为一些国家、区域组织和一体化经济联合体之间寻求新的合作形式的任务。

在"一带一路"倡议的框架内中亚国家对中国的重要性越来越大，因为它们是"一带一路"经过的必要区域，经由这些区域连接通往西方的陆上走廊。发展与莫斯科的优先关系对北京也有利，因为俄罗斯对中亚拥有极大影响力，同时也愿意为中国经济发展提供大量能源出口。[②]

目前，中国与中亚地区国家都没有签署自由贸易协定，中方有兴趣发展与欧亚经济联盟之间的关系，也致力于与其构建多边合作

[①]　Лю Хуацинь. Идея создания зоны свободной торговли ШОС: расчеты, проблемы и перспективы//Евразийская экономическая интеграции. 2009. № 3（4）. С. 110–116.URL: https://cyberleninka.ru/article/n/ideya-sozdaniya-zony-svobodnoy-torgovli-shos-raschety-problemy-i-perspektivy.

[②]　袁胜育、汪伟民：《丝绸之路经济带与中国的中亚政策》，《世界经济与政治》2015 年第 5 期；李新：《中国与俄罗斯在中亚的经济利益评析》，《俄罗斯东欧中亚研究》2012 年第 5 期。

形式。① 欧亚经济联盟也认识到有必要强化同外部伙伴的合作。在该组织开展的一系列优先合作项目中，与"一带一路"对接合作和深化与上海合作组织之间的合作，占据重要位置。2016 年 6 月已经启动制定关于欧亚经济联盟与中国之间经贸合作协议的谈判工作。2017年的第一季度，双方在欧亚经济联盟与中国"一带一路"倡议对接合作框架内，就基础设施项目清单达成一致。②

2017 年年底至 2018 年年初，阿富汗局势依然不稳定。在美国撤军条件下，塔利班因素会进一步强化，并存在与伊斯兰国运动进行联合的威胁。在阿富汗与巴基斯坦的交界区域，继续保持有可能发生不被巴基斯坦官方控制的武装冲突局势。与此同时，印度和巴基斯坦加入上海合作组织，理论上既可以巩固地区安全，又可以稳定地区动荡局势，但需要考虑到新德里和伊斯兰堡围绕领土的争端并没有结束。

众所周知，按照章程，上海合作组织并不是军事集团或军事政治组织，在安全、经济和人文三大主要领域保持着严格的平衡。与此同时，近几年，俄罗斯国内越来越频繁地谈及有必要推动上海合作组织"军事现代化"。

"和平使命"联合反恐演习年度机制，有助于军事合作的强化。2014 年 8 月 24—29 日，在中国内蒙古自治区境内举行的例行演习，有来自中国、俄罗斯、哈萨克斯坦、吉尔吉斯斯坦和塔吉克斯坦的

---

① 李新：《中国与俄罗斯在中亚的经济利益评析》，《俄罗斯东欧中亚研究》2012 年第 5 期。
② Сопряжение ЕАЭС и ЭПШП приобретает реальные очертания: согласован список инфраструктурных проектов//Евразийская экономическая комиссия. 1 марта2017 г., http://www.eurasiancommission.org/ru/nae/news/Pages/20320171.aspx.

7000 名军事人员参与。乌兹别克斯坦没有参与演习。[①]

大家也知道，上海合作组织框架内还设立地区反恐机构、国防部长定期会议、总参谋长会议等运作机制。俄罗斯专家们多年来一直在讨论本组织能否朝着强化政治军事合作的方向发展的问题。

强化军事合作的法律基础，应该是上海合作组织成员国的一项首要举措。这将是确保边界不可侵犯、面临军事威胁下提供互助的条约。这些协定将为中亚国家提供安全保障，并将成为一张应对上海合作组织所在地区不断增多的外部威胁的特色"安全网"。

在完善法律框架的同时，上海合作组织还需要采取旨在更全面落实组织章程文件的军事措施。要在上海合作组织框架内，就中亚国家的所有安全和国防问题构建多边军事合作机制。本组织不仅要有能力实施干预措施，而且还应该根据《联合国宪章》开展各种（至少一方面）维和行动（人道主义活动、制止冲突等）。

俄罗斯科学院远东研究所教授克利门科曾提议设立军事合作协调委员会，作为上海合作组织的常设机构，并期待该机构将有助于提高军事技术合作效率、落实成员国武装部队发展规划，以及提高军事训练水平。与此同时，这一机构还可以确保上海合作组织框架内军事合作的协调。但军事合作协调委员会的主要目标应该是有效应对对成员国构成威胁的情势。构建初期，需要研究军事力量编制结构和治理体系，以及联合演习过程中的批准问题，以此来达到高效协作的必要水平。

---

① Лузянин С.Г. Шанхайская организация сотрудничества: модель 2014—2015. Рабочая тетрадь/РСМД. М.: Спецкнига, 2015.

克利门科教授写道："基于国际安全组织运作的现有经验，没有必要在上海合作组织内建立一支常态化的维和部队。正常情况下，用于本组织空间开展行动的部队及其武器可以部署在每个国家内部，只有在演习、阅兵和解决具体任务期间才集合在一起。只有这样，上海合作组织才能成为影响区域和世界政治的真正因素。应该列入三部分内容：（1）加强军事政治合作；（2）制定安全领域的法律框架，包括边界的不可侵犯性，受到军事威胁时提供援助；（3）完善本组织的军事政治架构。"[1]

一方面，考虑到当前形势，克利门科教授提出的理由和建议的举措都是非常具有现实性和必要性的；另一方面，全面落实这些举措的主要障碍来自西方国家的外在批评，说上海合作组织非正式地可能变成军事联盟。

正如卢金在一篇文章中提到的那样，在与伊斯兰国武装分子可能冲突的情况下，伊朗因素，更确切地说，伊朗加入上海合作组织可能有助于本组织的政治和军事影响力进一步扩大。[2]

需要指出的是，在中国"一带一路"倡议在中东地区面临安全问题的语境下，卢金关于伊朗什叶派在与伊斯兰国斗争中的反恐潜力的提法，在目前，显然，也在不久的将来，对俄中两国都具有非常重要的现实意义。众所周知，现今上海合作组织的活动区域仅限于中亚地

① Лузянин С.Г. Шанхайская организация сотрудничества: модель 2014–2015. Рабочая тетрадь/РСМД. М.: Спецкнига, 2015. С. 10–12.

② Лукин А.В. Шанхайская организация сотрудничества: в поисках новой роли//Россия в глобальной политике, 9 июля 2015. URL: http://www.globalaffairs.ru/valday/Shankhaiskaya-organizatciya-sotrudnichestva- v-poiskakh-novoi-roli-17573.

区，与此同时，伊朗的反恐活动可以扩展到伊斯兰国武装分子所有的
潜在活动地区，包括叙利亚、伊拉克以及北非国家等，这些国家都在
开展反恐活动。

三、中亚地区的俄罗斯与中国

中亚处于欧洲、亚洲和中东三个战略地区的交会处，且周边分布
有里海密集的油田和气田，因而成为国际竞争、地缘政治对抗、军事
挑战和威胁的对象，这些形势的出现受到世界主要大国和联盟试图获
取该地区油气资源的影响。①

在此背景下，俄罗斯和中国两个大国在欧亚地区一直发挥着特殊
作用，当前条件下的两国战略伙伴关系，就是为本地区稳定和发展寻
求更多补充资源。

关于苏联解体后最初阶段俄罗斯在中亚的作用，不得不遗憾地指
出这样一个事实，即苏联解体后的中亚地区，在 20 世纪 90 年代曾快
速"摆脱"俄罗斯的影响力。俄罗斯科学院远东研究所兹维娅格里斯
卡娅教授指出，尽管苏联治理中亚的体系存在一些不足，但并不存在
中亚国家退出苏联的先决条件。"正是第一波俄罗斯民主人士希望尽快

---

① Гушер А.И. Каспийский регион как арена стратегической конкуренции и противоборства.
Вызовы, риски и угрозы//Электронно-аналитический журнал «Новое Восточное
Обозрение». 2013. URL: http://journalneo.com/?q=ru/node/1875 (дата обращения: 04 марта
2016 г.) .

摆脱中亚威权体制的政治负担，这种体制源于苏联，而且，在这些民主人士看来，会支持共产党复仇。这是脱离中亚的主要原因之一。"①

莫斯科国际关系学院专家卡赞采夫教授也指出，俄罗斯过快地摆脱中亚国家，导致该地区出现混乱和不稳定状态，以及真正的世界政治"黑洞"。②

显然，俄罗斯承认中亚地区对其巩固国际地位的重要性，但如今不能仅仅依靠苏联时期保留的国家间关系和文化联系。与此同时，俄中两国在该地区的经济和投资领域的潜在和实际影响力资源是不可比拟的。

在此背景下，当前中国的务实态度使其足够有效地填补经济和文化领域的"空白"。中国的政策在于不断发展与中亚各国双边经济合作，维护地区政治稳定。

俄罗斯一体化政策的重点聚焦有前景的欧亚经济联盟发展项目。大家知道，中国并没有加入该组织。北京把对地区国家的主要注意力放在推动其"一带一路"倡议上。

大家知道，苏联解体后的中亚地区，从里海一直延伸到中国的新疆，区域内各国都拥有相当稳定的世俗政治制度。然而，中亚内部"横向"关系却错综复杂，且模棱两可。中亚国家间的关系体系（哈萨克斯坦、塔吉克斯坦、吉尔吉斯斯坦、乌兹别克斯坦、土库曼斯坦），不仅基于后苏联时期的行政、法律、贸易、经济和政治结构建

---

① Звягельская И.Д. Становление государств Центральной Азии: Политическиепроцессы. М.: Аспект Пресс, 2009.

② Казанцев А.А. «Большая игра» с неизвестными правилами: мировая политикаи Центральная Азия. М.: Наследие Евразии, 2008. С. 6.

构，而且还建立在更古老的文化和经济基础上。传统上，局势紧张的中心位于费尔干纳山谷，即吉尔吉斯斯坦、乌兹别克斯坦和塔吉克斯坦三国领土的交会处。这个"三角"区汇聚了大多数中亚问题。乌兹别克斯坦与塔吉克斯坦、吉尔吉斯斯坦之间的相互关系也特别复杂。

近期，受阿富汗危机加剧和不稳定局势的影响，中亚地区极端主义宗教组织的战术开始调整。在不放弃"全球圣战"意识形态情况下，伊斯兰教极端主义在其活动中转向本土问题，同时通过传统的部族团体与民众开展广泛对话，并试图取代国家的一些社会职能。

2000 年，中亚地区出现两项"议程"和两种激进的伊斯兰运动战略。第一种是合法的大众化战略，其首先面向的是吉尔吉斯斯坦、塔吉克斯坦和乌兹别克斯坦三国的年轻人和其他群体。这个计划并没有被隐藏起来，有几万人参与其中，虽然他们不是组织成员，但却是该组织的被动或积极支持者。在这个项目框架内，有一些这样或那样的激进运动思想受到非公开的欢迎。

第二种则是秘密战略，针对的是小范围的信徒。这是一项以事实上的武力夺取政权和在中亚地区建立伊斯兰哈里发制度的方案，其目的是推翻当前的世俗政权，并对其领导进行暗杀。

这两个战略层次的存在都是伊斯兰复兴党的活动特点（该组织在俄罗斯被禁止），自 2002 年以来，该党在乌兹别克斯坦和吉尔吉斯斯坦特别活跃，拥有数万名支持者和非法与合法组织组成的广泛网络。[①]

---

① Лузянин С.Г. Центральная Азия — 2008: экономические амбиции или «исламский социализм»?//URL: http://www.perspectivy.info/oykumena/azia/centralnaja_azija--2008_eko-nomicheskije_ambicii_ili_islamskij_socializm_2008-01-17.htm.

目前，它有可能与从叙利亚秘密移民的恐怖主义运动基层组织合并。

伊斯兰复兴党鼓吹把世界各地的穆斯林团结在一起，形成一个统一的哈里发，并认为西方民主是伊斯兰教信徒所不能接受的。尽管伊斯兰复兴党的观点是激进伊斯兰的一种表现形式，但并没有被普遍视为是一个极端主义组织。伊斯兰激进运动在该地区蔓延的特点是，与他们中的一些人能够在国外（阿富汗、巴基斯坦或中东）和中亚社会内部找到生存土壤相关联。

普京总统提出欧亚思想的政治背景，与在欧亚经济联盟与中国"一带一路"倡议框架下开发欧亚空间的广阔前景和一体化的机遇相关联。

俄罗斯科学院普里马科夫世界经济和国际关系研究所的知名专家丘夫林正确地指出："苏联解体 20 年来，欧亚空间内的政治和经济整体环境已经形成，有利于积极构建国家间的密切合作关系。他强调，这些关系的核心是经济一体化进程的推动及其相关项目的出现，其发展方向就是欧亚经济联盟。"[1]

俄罗斯的能源和交通运输动机在该地区发挥着重要作用：俄罗斯试图保存碳氢化合物产地和到俄罗斯的或经过俄罗斯的能源运输"走廊"。这一领域面临来自竞争对手的巨大压力，特别是欧盟、美国和其他一些国家。俄罗斯在这一领域的优先合作伙伴是哈萨克斯坦、乌兹别克斯坦和土库曼斯坦。俄罗斯与中亚国家在能源领域联合起来，可以推动国家间的合作和该地区的劳动分工。这方面的合作尤其适用

---

[1] Чуфрин Г.И. Очерки евразийской интеграции. М.: Весь Мир, 2013. С. 123.

于碳氢化合物的深加工、核电站、水电站的建设等。①

　　影响整个地区（包括俄罗斯）的关键性安全问题是未解决的阿富汗危机。阿富汗的军事行动是美国历史上最长的军事行动。这次行动由北约指挥的驻阿富汗国际安全援助部队联合开展，由北约成员国和非北约的 50 个国家代表组成，其任务是搜寻和摧毁塔利班和基地组织武装分子，组建阿富汗军队，恢复国内秩序，并协助阿富汗政府重建经济。

　　在里斯本峰会上，国际安全援助部队成员国决定于 2014 年从阿富汗撤出军事特遣队。首脑会议的最终文件指出，联合国的任务已经完成。一些地区的秩序已经恢复，本·拉登已经被消灭，阿富汗国家军队的组建已经基本完成，并被视为准备好从国际安全援助部队手中接过指挥棒。然而，将阿富汗的实际情况与首脑会议宣言比较之后，我们有理由怀疑这些结论。直到 2018 年，美国部队仍驻留在阿富汗。

　　政治上，阿富汗仍然不稳定。美国及其北约盟国对其领土占领，只是为在欧亚大陆中部建立一个地缘政治平台，以有效地影响该大陆东部局势。从一开始，他们就不打算让本地区的两个主要国家——俄罗斯和中国，加入这个国际联盟。此外，在解决阿富汗局势的过程中，他们没有让南亚的旧盟友巴基斯坦充分参与其中。②

---

① Парамонов В.А. Россия и Центральная Азия: к задаче эффективного использования совокупного энергетического потенциала//URL: http://ceasia.ru/energetika/ukreplenie-pozitsiy-rossii-v-energetike-stran-tsentralnoy-azii-vozmozhno-v-strate-gicheskom-soiuze-s-kitaem/pechat.html.

② Клименко А.Ф. Стратегия развития Шанхайской организации сотрудничества:проблемы обороны и безопасности. М.: ИДВ РАН, 2010. С. 35–39, 87.

实际上，阿富汗国内存在两个政权并立的态势。西方在阿富汗打造新的国家权力象征，并进行包括地方在内的各层级选举。然而，地方的真正权力掌握在塔利班和来自中东的伊吉洛夫尼亚人手中，他们通过影响宗教领袖、族裔领袖和当地军队将领，来对各省局势施加影响。受西方庇护的中央政府实际上是无能的，也缺乏国家发展的明确目标和现实的构想。在阿富汗国家机构中任职的多数外国顾问，对阿富汗本地官员也冷淡，后者尽力避免参与具体决策。①

西方国家十五年的军事行动已超出苏联军队在阿富汗的停留时间，这表明外国军队停留在阿富汗，使其任何中央政府在人民心目中都不具有合法性，更得不到人民尊重。这种政府被当地社会视为"坐在外国刺刀上"的政府。显然，外国军队停留在阿富汗，即使它们的活动得到联合国授权，其目的是"维持阿富汗稳定"，但对阿富汗人民而言，这却是一个值得愤怒的主要因素。

2014 年以前（即乌克兰事件和与西方破裂之前），莫斯科期待的阿富汗问题合作，因争夺中亚的地缘政治竞争和价值观分歧，使这一问题变得更加复杂。那时的阿富汗与中亚问题的互动完全建立在"大博弈"框架内，即根据公开竞争的游戏规则展开。这涉及 2014 年的一些重要领域：维持或减少西方联盟在阿富汗的"北方路线"，强化对中亚国家的军事和经济援助，实现社会民主化以及在中亚国家建立更自由化的政权。该地区各国政府按西方标准实行的自由化被视为是

---

① Морозов Ю.В. Афганистан после 2014 года: стабильность для государств ШОСили новый виток напряженности в Центрально-Азиатском регионе//ПроблемыДальнего Востока. 2013. № 2. С. 94–96.

明显的对地区稳定的破坏，带有损害俄罗斯联邦和中华人民共和国利益的目的。结果，进一步加剧了以中国和俄罗斯为主导的上海合作组织与美国和欧洲国家结成的北约之间的对立。

目前，很显然的是，驻扎在阿富汗的美国和国际安全援助部队，并没有实现地区稳定，也没能减少毒品生产。尽管莫斯科多次向华盛顿发出呼吁，但并没有开展真正的打击毒品生产和向中亚与俄罗斯输送的运动。①

与北约不同的是，上海合作组织可以将中亚确立为本组织的活动方向。该组织在安全领域的核心议程（打击分裂主义、宗教极端主义和恐怖主义"三股势力"），以及经济和人文合作，都基本上与本地区密切相关。此外，与阿富汗有关的问题对本组织成员国国内局势的影响也是巨大的。②

在支持阿富汗和解政治进程方面，可以借鉴 20 世纪 90 年代塔吉克斯坦民族和解的经验。正是得益于此，塔吉克斯坦逐步实现和平，国家发展获得稳定和创造性运作。在俄罗斯的积极促进下，1997 年 6 月 27 日，塔吉克斯坦政府与塔吉克斯坦联合反对派在莫斯科签署了《关于在塔吉克斯坦建立和平和民族和睦总协定》，结束了该国的血腥战争。同阿富汗一样，这次战争是政治、宗教和民族冲突的延续。

---

① Клименко А.Ф. Стратегия развития Шанхайской организации сотрудничества:проблемы обороны и безопасности. C. 57–59, 118, 123.

② Клименко А.Ф. Стратегия развития Шанхайской организации сотрудничества:проблемы обороны и безопасности. C. 118, 123.

资料：在塔吉克斯坦各方和解过程中，出现后苏联空间未曾有过的法律文件和制度：《关于在塔吉克斯坦建立和平和民族和睦总协定》《民族和解委员会》《协商性民主》《武装力量一体化》等。它们促进了该国政治力量和社会运动的统一。

显然，塔吉克斯坦那几年的局势与阿富汗的当前形势存在差异，但塔吉克斯坦所采用的民族和解概念和方法，可以为阿富汗和解奠定基础。类似模式的运用，可以为相互让步和妥协开辟道路，特别是缔约方使用政治和经济手段影响参与谈判的各方。于是就可以期待，这些努力能够引导阿富汗社会为国家发展选择一条稳定道路。

在阿富汗挑战加剧的情况下，俄罗斯和中国应当共同致力于提出新的"路线图"，致力于逐步解决阿富汗毒品问题，协助阿富汗政府打击罂粟种植，并且帮助该国建立成熟的社会经济基础设施，组建"联合观察委员会"，来协调对阿富汗的援助，并提高其效力。这样做是适当的。①

需要创造条件，吸引具有实际资本和现代技术的世界大国参与到这一进程中来，以便将其用于有俄罗斯和中国的专家与投资都参与的最重要区域项目。

目前，中国正在努力改善能源供应，以此作为恢复阿富汗和平生

---

① Коргун В.Г. Вывод войск США/НАТО из Афганистана: проблемы и вызовы//Афганистан и Пакистан: современное состояние и перспективы развития/отв. ред.М.Р. Арунова. М., 2012. C. 29, 34.

活和实现整个区域可持续发展的一个重要因素。印度投资建造特尔迈兹—普利—喀布尔输电线路。阿富汗的发展需要重建该国的基础设施，包括苏联当时建造的大约 140 座国家级设施。在这方面，俄罗斯可以发挥主导作用，因为俄罗斯专家拥有关于这些设施的资料和建设经验。

通过建设阿富汗的道路交通线，特别是阿富汗的铁路体系，并将其与乌兹别克斯坦、塔吉克斯坦、伊朗和巴基斯坦的铁路线相连接，可以视为发展阿富汗物流的一个方向。这能够为扩大阿富汗与周边邻国的贸易额提供额外的机遇。在这个领域还有一系列具有合作前景的其他方向。

因此，没有俄罗斯、中国和上海合作组织其他成员国的全面关注与参与，在阿富汗恢复和平是不可能的。上海合作组织成员国的安全局势，也可能会因为来自阿富汗的不稳定因素而遭受破坏，这将对该地区国家的利益产生负面影响。

鉴于阿富汗和中亚地区的当前局势，提出 2018 年后该国事态发展的几个预测版本：

第一种情况是阿富汗局势朝着"巴尔干版本"发展。最有可能出现的情况是：在与塔利班和基地组织对抗过程中，没有取得决定性成功。本国的离心趋势加强。阿富汗国内的各省领导人和将领不断崛起，其中许多人现在只是名义上被喀布尔当局承认。

当塔利班和基地组织在喀布尔重新掌权时，他们可能会再次向中亚方向扩展。在那里他们将得到"突厥斯坦伊斯兰运动"的支持，导致地区局势不稳定。

这种情况的出现会导致中亚民众走向犯罪化和激进化；伊斯兰极端主义的加剧使族际关系更加复杂化，结果会导致内战重新爆发，特别是塔吉克斯坦，目前留在阿富汗的伊斯兰反对派分子正在涌入该国。其他中亚国家的世俗政权也有可能崩溃，能源项目前景黯淡，以及走私到俄罗斯和欧洲的毒品数量激增。中亚边界和地区内的恐怖主义活动增加，几乎是不可避免的。

在美国与塔利班和基地组织达成协议的情况下，秘密地将它们的活动转到中亚地区，其后果对中亚国家和俄罗斯可能是不可预测的。如果阿富汗局势恶化，中亚各国将承担更高代价，因为保障安全的费用将增加，也将对该区域的投资环境产生不利影响。同时，该地区的武器走私和破坏类的活动也将增加。

理论上，如果精英们团结在喀布尔官方周围，那么他们可能与塔利班的温和派达成一致。如果阿富汗军队在整个领土的地位得到加强，那么部分不支持和解的塔利班和基地组织成员将会遭受失败。[1]阿富汗的社会经济问题将逐步得到解决。同时，也会建立起有效机制来控制毒品生产和运输。

对中亚国家而言，这种情况是最可取的。如果这种情况成真，将会巩固地区稳定；减少极端分子、武器和毒品向阿富汗周边国家的流动；上海合作组织成员国将真正有机会参与阿富汗经济重建和落实能源项目。由于安全风险的降低，外资流入量也将增加。然而，这种情

---

[1] 多数俄罗斯的阿富汗、巴基斯坦问题专家（如科尔古恩、别洛克列尼茨基等）认为，如果塔利班在国内建立专制统治，鉴于人口传统分布的部族、历史特点，塔利班不会向北、向中亚国家发展、扩张。塔利班重点聚焦掌控阿富汗南部和巴基斯坦的地盘。

况不太可能发生，因为美国将极力阻碍其实施。

俄罗斯国际经济战略中的东向维度的作用和重要性正在不断上升。据专家估算，到 2030 年，四分之一的世界石油将出口到亚太国家。[①]如果俄罗斯能在 2030 年前完成能源战略中确立的任务，那么，届时东西伯利亚和远东的气田所占比例可以达到所有新油田的三分之一，其中石油所占比例可达 50%。[②]专家们建议政府现在就开始解决燃料供应多元化的问题。目前大部分燃料都向西方国家出口。问题在于俄罗斯东部几乎没有石油化工设施，这需要强有力的投资，来扩大石油和天然气产量。

俄罗斯参与中亚和东亚能源领域的一体化进程，特别是发展碳氢化合物管道运输，都表明俄罗斯正在不断强化东方能源政策。

在能源战略方面，中国通过与中亚国家开展双边合作的形式，将重点放在快速、有效地落实运输、能源和投资等领域的项目上。与此同时，与其他替代性的路线相比，中亚的石油和天然气供应路线并不比其他路线长，且更加安全。[③]

值得注意的是，中国为中亚国家经济提供资金的同时，也促进本

[①] XI Московский международный энергетический форум（ММЭФ-2016）:новый импульс к стратегическому осмыслению будущего ТЭК России//СайтММЭФ. 2016 г.http://www.mief-tek.com/（дата обращения: 14 августа 2016 г.

[②] Энергетическая стратегия России на период до 2030 года [Электронныйресурс]//Мировая Энергетика. http://www.worldenergy.ru/pdf/ES2030.pdf（дата обращения: 14 августа 2016 г.

[③] Rosner K.Sino-Russian Energy Relations in Perspective [Electronic resource]/Institute for the Analysis of Global Security（IAGS）: Journal of Energy Security（JES）.URL: http://www.ensec.org/index.php?option=com_ content&view=article&id=260:sino-russian-energy-relations-inperspective&catid=110:energysecurity content&Itemid=366.

国西部省份的政治和社会经济发展，维护稳定，并为新疆维吾尔自治区边界保障安全环境，进而降低分离主义的态势。

俄罗斯、中国和中亚国家，都对打造新的全球经济和政治秩序非常感兴趣。这有助于它们就许多国际问题采取共同立场。在安全方面，它们的利益在许多方面是一致的。中亚国家的经济增长，加上人民生活迫切需要得到满足，不仅是这些国家政治稳定和安全的保障，也在很大程度上是周边邻国的稳定与安全的保障。

中亚局势的不稳定，也可能会直接影响到中国西部和俄罗斯南部的安全。此外，中亚所隐藏的高风险冲突主要受到与利用自然资源相关的矛盾制约，这威胁到能源项目的实施。毕竟，它们的实施和长期性直接依赖于它们的安全程度，以及能否消除现有的政治风险。

力量对比分布取决于主要行为体的数量和它们之间的关系特征。这种分布的两种主要类型就是两极和多极。行为体的等级反映出它们实际不平等的力量分布，这可以从军事、政治、经济、资源、社会文化、意识形态和其他影响国际体系的实力方面看出来。[1]

美国、北约和欧盟对中亚和里海的地缘政治兴趣不仅仅限于石油和天然气。美国视该地区为打造地缘战略和地缘政治的中心，其中一个战略就是打造覆盖里海和波斯湾的"战略能源弧形地带"[2]，即阿拉

---

[1] Торкунов А.В. Современные международные отношения/Библиотека Гумер — Политология, 2015. URL: http://www.gumer.info/bibliotek_Buks/Polit/tork/01.php.

[2] Kemp G. Energy Superbowl. Strategic, Politics and the Persian Gulf and Caspian Basin/Geoffrey Kemp. Washington, D.C.: Nixon Center for Peace and Freedom, 1997, p 11.

伯半岛国家、伊拉克、伊朗、里海地区国家、中亚国家，甚至俄罗斯的碳氢化合物。在评估推动里海和中亚地区石油和天然气项目的安全条件时，需要考虑到这个区域地缘政治形势的形成主要受到一系列域外因素的影响，包括：

——西方大国和伊斯兰国家扩大在本地区的政治、经济和军事影响力方面所采取的活跃行动；

——伊朗和美国之间持续的对抗，使包括俄罗斯在内的越来越多的国家牵扯进去；[①]

——阿富汗、伊拉克战争；

——叙利亚和中东地区开展的摧毁伊斯兰国武装分子及其他极端主义运动的行动。

中国主导着中亚地区的联合能源项目。中国企业[②] 参与中亚国家近 30 个项目，涉及碳氢化合物的勘探、生产、加工和运输等。中国的能源（石油）外交主要基于国家的支持和融资，有助于国有企业在包括价格政策在内的所有谈判中保持更加灵活的姿态。

中国经济发展与高速增长，给国家提出了需要确保能源供应的问题，以此来保持经济高速发展。中国能源需求量的增长高出世界平均

---

① Гушер А.И. Каспийский регион как арена стратегической конкуренции и противоборства. Вызовы, риски и угрозы/«Новое восточное обозрение» — интернет-журнал-2013. URL: http://journalneo.com/?q=ru/node/1875（дата обращения: 14 февраля 2014 г.）; Бобкин Н. Противостояние Ирана и США продолжается/Информационный портал «ЦентрАзия»-2016. URL: http://www.centrasia.ru/newsA.php?st=1455272580（дата обращения: 12 февраля 2016 г.）.

② 在石油和天然气方面，中国三家国有企业发挥主要作用：中国石油天然气股份有限公司、中国石油化工集团有限公司、中国海洋石油集团有限公司。——作者注

水平一倍。① 中国的一次能源消费结构组成（指煤炭）的份额正在逐渐减少，石油一直是中国的第二大能源消费品。自 1993 年以来，石油需求已超过石油开采量。根据中方资料预测，到 2020 年，中国对石油进口的依赖度将达到 60%—70%，这将成为影响国家安全的问题。从非洲和中东经海路进口的 80% 的能源的现有路线是脆弱的。中国能源安全战略指出，有必要实现能源供给的多样化，将优先考虑通过管道运输方式从里海和中亚地区进口能源。

显然，俄中关系中任何一方的地缘政治影响力的加强（之前是导致对外政策调整），必然影响到两国之间的政治互动。当前情况下，俄中都愿意发展和巩固伙伴关系，保持政治关系的平衡（以战略伙伴关系方式），包括能源（碳氢化合物）领域的利益平衡。

俄中在中亚地区的利益，客观上存在竞争因素，因为两国都想在中亚获得影响力。中国经济的快速发展，与俄罗斯在中亚地区的交通、能源和资源垄断及其部分政治影响力（但并非其潜力）的丧失形成对比，这可能导致双边关系中出现假设意义上的"小伙伴"位置。

维护国家安全问题，使得能源在世界政治中的重要性日益增长。这一事实使俄罗斯和中国面临迅速寻找更有效对外经济活动方式、优化过境运输交通线以及与能源生产商和消费者建立稳定伙伴关系的任务。能源行业存在着激烈的竞争环境，以及域外国家在中亚的战略利益，也使这些问题的解决变得复杂。

---

① Ли С. Значимость центральной части Евразии для энергетической безопасности Китая/ Ли Син, Айк Мартиросян, Чао Чжэнь//Проблемы Дальнего Востока.2010. № 2. С. 46.

　　从中亚地区各国来看，各国内部稳定问题是影响安全的首要因素。在此背景下，至少可以指出两种类型的内部威胁、不稳定条件和安全风险，由于众多原因，它们均存在于所有中亚国家，且在每个国家都有其特殊性。

　　中亚国家面临的最普遍威胁和风险如下：

　　苏联解体后，在民族国家建构过程中存在的国家机构老化，其中清楚地呈现出过去几个世纪东方专制主义的特征。

　　民主制度的脆弱性，与构建国家治理机构的宗族原则和解决社会经济问题的相应方式混合在一起。宣传分裂主义和为恐怖方式辩护的极端主义为表现形式的伊斯兰激进主义，成为地区威胁和风险的外部支持。①

　　西方的自由主义和东方的传统主义文化价值观相互竞争，②因为中亚的现代化进程既没有内在渊源，也没有自我发展的来源，因此与亚洲的社会传统相冲突。这也导致传统主义价值观的复兴和文化上相互排斥的增长。

　　全球经济危机加剧各国经济存在的缺陷，制约经济增长。原料经济不再为民众提供就业机会，导致劳动力迁移增多、民族社会和文化的解体。

---

①　Морозов Ю.В. Влияние политики ведущих государств мира на трансформациювоенно-политических отношений в Центральной Азии//Электронный научный журнал «Россия и Америка в XXI веке». URL: http://www.rusus.ru/?act=read&id=144.

②　Омаров Н.М. «Столетие глобальной альтернативы» для формирования новогопространства безопасности в постсоветской Евразии. Бишкек, 2007. С. 52.

各国民众，尤其是青年群体，被边缘化。[①]

在这些情况下，中国在实施"走出去"对外能源战略的同时，将重点放在以双边形式迅速有效实施交通、能源和投资项目之上。因此，上海合作组织和丝绸之路经济带被中国视为地区（中亚）和全球层面的合作形式。

吸引任何指向的中国投资都会刺激其与中亚国家之间的贸易，并改善该地区的一系列宏观经济指标。与中国这样一个稳定的"批发商"（进口商）进行能源贸易合作，有助于中亚国家在跨区域层面保持稳定的商业关系，以及推动开采业的增长。同时，中国计划在 2017—2020 年对一些中亚国家的制造业进行投资。

尽管石油和天然气行业仍是中国在中亚能源和总体国际经济政策中的主要领域，但中国与该地区各国之间的经济活动，也按行业部门推动经济合作的多样化。尤其是燃料和能源行业，除石油和天然气外，近几年来，中国在该地区的经济利益日益分布在核能（哈萨克斯坦）、电力（哈萨克斯坦、塔吉克斯坦、乌兹别克斯坦、吉尔吉斯斯坦）以及煤炭行业（吉尔吉斯斯坦）等领域。结果使得中国在中亚地区的经济影响力不断扩大，包括在没有工业油气资源的塔吉克斯坦和吉尔吉斯斯坦，以及拥有工业油气资源但没有将能源政策集中在大规模增加出口上的乌兹别克斯坦等国。[②]

---

① Звягельская И.Д.К вопросу об угрозах безопасности в Центральной Азии.

② Парамонов В.В., Строков А.В. Энергетическая политика Китая в ЦентральнойАзии и ее современное значение для России//Открытый исследовательско-дискуссионный журнал «Новое Восточное Обозрение». URL: http://www.ru.journal-neo.com/node/7852.

中国对哈萨克斯坦的投资目标是保障本国的国际能源安全，同时确保长期、稳定地获得哈萨克斯坦和里海盆地的碳氢化合物。目前投资总额达 430 亿—450 亿美元，其中包括约 220 亿—240 亿美元投资，约 160 亿美元的收购资产和 50 亿美元贷款。① 中国资本参与哈萨克斯坦 25%—30%的石油生产之中。中国公司在 20 多家哈萨克斯坦石油和天然气公司，拥有 50%—100%的股份。

> **资料**：中国参与哈萨克斯坦最大的资源和运输项目：阿克托贝、阿特劳、曼吉斯套、克孜勒奥尔达和卡拉干达地区的油田开发；为里海大陆架暗山油气田的勘探开发做准备；为里海大陆架达尔汉油田的勘探和开发做准备；"阿塔苏—阿拉山口"管道的扩能，以及在"土库曼斯坦—中国"天然气管道哈萨克斯坦段阿克托贝地区修建天然气管道；经"阿拉山口"检查站通过铁路从哈萨克斯坦输送石油、天然气；哈萨克斯坦原子能公司与中国核工业总公司就哈萨克斯坦向中国供应燃料片达成协议；收购哈萨克斯坦三个炼油厂中的两个，即奇姆肯特和阿克套工厂的股份。

中国对土库曼斯坦天然气资源表现出长期战略兴趣。截至 2015 年，中国在土库曼斯坦投资总额约为 130 亿—150 亿美元，其中约 90

---

① 中国海关信息网，http://www.haiguan.info/CustomData/MonthReport.aspx?guid=2888 & cu-rrency=usd。

亿美元为贷款。① 中国对土出口的多数商品是机械和设备，主要用于
实施中国企业在土库曼斯坦石油和天然气项目。

中国企业在土库曼斯坦石油天然气行业的投资活动规模迅速增
长，并在陆地和里海大陆架开发油气田（包括"巴格德雷"含气区、
土库曼斯坦东部、阿姆河右岸、"南伊洛坦"气田地质勘探）。中国公
司在土库曼斯坦东南部的巴格德雷天然气区，以及在靠近"中土"天
然气管道支线土方段建设天然气处理厂。②

中国石油天然气股份有限公司与土库曼国有企业土库曼石油公
司，共同参与两个开发古姆达格油田和里海大陆架上的油田联合
项目。③

按照中国石油天然气股份有限公司与乌兹别克斯坦国家控股集团
"乌兹别克斯坦石油天然气公司"达成的协议，中乌联合企业"УзCNPC
Петролеум"共同开展以下活动：

——建设土库曼斯坦—中国天然气管道的乌方段；

——开采费尔干纳河谷（乌兹别克斯坦东部费尔干纳、安集延和
纳曼干地区）油田；

——启动开采布哈拉—希瓦地区和乌斯图亚特高原23个油气田

---

① 中国海关信息网，http://www.haiguan.info/CustomData/MonthReport.aspx?guid=2888 & cu-rrency=usd。

② Парамонов В.В, Строков А.В. Экономическое проникновение Китая в Таджикистан, Туркменистан и Узбекистан//ИАП «Центральная Азия». URL: http://www.ceasia.ru/eko-nomika/ekonomicheskoe-proniknovenie-kitaya-v-tadzhikistan-turkmenistan-i-uzbekistan.html.

③ Абдурахим А. В традициях дружбы, братства и сотрудничества//Туркменская государственная информационная служба «Туркмендовлетхабарлары»//URL:http://tdh. gov.tm/?id=1722.

的准备工作；

——启动开采阿拉尔海乌兹别克部分（乌兹别克营地西北部）油气田的准备工作；

——为穆巴雷天然气处理厂（穆巴雷市，喀什卡达里亚地区）液化气生产装置提供融资；

——规划在乌兹别克斯坦联合生产油气设备，并计划签署《关于建设"乌兹别克斯坦—中国"输气管道第三条支线的协议》，其每年通气量将增加 250 亿立方米。①

中国参与塔吉克斯坦的一些大型资源运输项目，令人印象深刻，包括：

——建造"洛拉索—哈特隆"和"南—北"高压输电线（2009 年交付运行）；

——建造努拉巴德 2 号和扎拉夫尚河水电站（中国水利水电建设集团承建）；

——重建杜尚别—库贾德—查纳克公路；

——修建"沙赫里斯坦"公路隧道（杜尚别以北 180 公里）；

——修建沙尔—沙尔公路隧道（杜尚别东南 80 公里）；

——库利亚布—穆尔加布—哈尔和林公路（中国）；

——连接塔吉克斯坦和阿富汗的喷赤河桥梁；

——塔吉克斯坦与中国石油天然气股份有限公司签署有关勘探塔

---

① Узбекистан наращивает объемы поставок сырья в Китай/Секретариат Делового совета Шанхайской организации сотрудничества. http://www.bc-sco.org/?level=10&id=1344&lng=ru.

吉克斯坦油气的协议。

中国大量贷款的偿还形式是中方获得矿产和其他资源，并换取塔吉克战略企业的控股权和塔方在领土问题上做出让步。①

资料：2009 年以来，长度超过 1800 公里的土库曼斯坦—乌兹别克斯坦—哈萨克斯坦—中国天然气出口管道已投入运营，其日均供气量达 2450 万立方米，年均供气量约 90 亿立方米，预计 30 年内每年向中国供应天然气 400 亿立方米。这条新的天然气管道，将中国与中亚拥有大量石油和天然气资源的国家连接在一起。2006 年开通的阿塔苏—阿拉山口—中哈输油管道，全长 962.2 公里，年输送能力达 2000 万吨。

中亚国家的管道基础设施，苏联时期完全是北方走向的，近期却积极转向东方。中亚国家的天然气出口，在一定程度上给俄中之间造成一定竞争态势。中国已经确立"一带一路"倡议的能源实施纲要，即打造能源运输路线和构建多条受保护的中国信息渠道。

中国新疆维吾尔自治区从中亚地区进口的原油和天然气不断增加，为保持自治区的长期经济发展提供一定能源保障。据新疆维吾尔自治区出入境检验检疫局的统计显示，自石油管道商业运营三年以来，中国经阿塔苏—阿拉山口管道的原油进口总量达 2039 万吨，占

---

① Китай поможет Таджикистану освоить природные ресурсы. Таджикистан пригласил CNPC на разведку нефти и газа//Мировая пресса о Кыргызстане и ЦА.http://mob.inoz-press.kg/view.php?id=36088.

中国每年进口原油总量的 12%。

> **资料**：中国在新疆维吾尔自治区与吉尔吉斯斯坦和哈萨克斯坦接壤地带，设立喀什和霍尔果斯两个新的经济特区。近几年来，中国已构建起"东西向一号线、东西向二号线"等横跨本国的管道体系，有助于从中国西北部以及土库曼斯坦和哈萨克斯坦输送天然气和石油产品到东部生活水平高、能耗高的工业化地区。同时，东部地区的管道系统也得到显著优化和扩能，以接收液化天然气、原油和石油产品。中国陆上油气管道总长已达 12 万公里[①]，其中输油管道约 2.3 万公里，天然气管道约 7.6 万公里，燃料运输管道约 2.1 万公里。[②]

由此可见，中国的中亚政策具有地缘政治、系统性、规模大和长期性的特征，既追求长期国际目标，又追求当前商业目标。与此同时，尽管中国在中亚地区的影响力很稳定，且蕴含巨大的发展潜力，但中国的地区政策也具有一系列的内外局限性，主要制约因素是中国在中亚竞争对手的活跃度较高，以及地区各国的政策变化。中亚国家努力在外交政策上采取多向度平衡的做法，并通过与美国和（或）俄罗斯的对话来平衡与中国的关系。

---

① Общая протяженность сухопутных нефте_x0019_ и газопроводов в Китае достигла120 тыс. км//Российско-Китайский деловой совет. http://www.rcbc.ru/doc/1685.

② Эдер Л.В., Филимонова И.В. Особенности развития трубопроводного транспорта Китая/ИНГГ СО РАН. URL: http://www.ipgg.sbras.ru/ru/files/publications/ibc/pdv-2013-2-125.pdf?action=download.

四、俄中视域下的中东、非洲和拉丁美洲

在政治层面，中国始终将自己定位为"第三世界"（亚洲、非洲和拉丁美洲）发展中国家，坚决捍卫受到美帝国主义压迫的各民族利益。无论在中苏友好时期，还是存在分歧之际，中国始终贯彻这一路线。如今，反对各种极端主义运动的斗争加剧，俄罗斯在叙利亚打击伊斯兰国的行动中取得辉煌胜利，并加强在该地区的影响力，在此背景下，中国快速转向与俄罗斯开展积极（相互）协作的政策。这不仅表现在政治方面（联合国安理会），还表现在对俄罗斯的实际支持上。中国正在深入落实与俄罗斯特种部队协调行动的方针，以打击该地区的极端主义和恐怖主义。

目前还很难说，中东地区构建起全面的俄中军事政治联盟，能够完全遏制恐怖主义势力以及暗中支持该地区极端主义分子的美国及其盟友的力量。但是鉴于俄罗斯在该地区（叙利亚、埃及和土耳其）取得的实际成果，以及中国特种部队在叙利亚行动中同俄罗斯军队联合歼灭伊斯兰国和其他恐怖主义组织极端主义分子的情况，可以肯定，中国的武装行动是对本国在该地区一贯强大的经济和投资政策的补充。正如许多研究中东问题的中国专家指出的那样，现在是时候转变以往过于温和的中东政策，实施更为积极的政策。

尽管中东地区的不稳定性不断增强，中国依然对该地区的石油存在需求。众所周知，沙特阿拉伯和波斯湾其他石油巨头向中国供应的碳氢化合物，占中国总需求量的 30%。与此同时，中国加大在中东

各国投资和贸易的动机正在增强。中国与 18 个阿拉伯国家的贸易额在 2012 年达到近 2000 亿美元，在 2016 年则达到 2560 亿美元。

中国谴责美国对伊拉克、利比亚和其他国家的"人道主义干涉"，这些手段导致这些国家政权更迭、地区动乱，在此背景下，中国努力同埃及、马格里布国家、波斯湾国家以及其他阿拉伯国家的领导人，保持以前的关系并建立新的联系。比如，2015 年中国对埃及的援助资金约为 20 亿美元，包括无偿援助、优惠贷款和其他一系列贷款。同年，中埃两国就经济、农业、贸易、旅游、通信和其他领域签订八项双边合作协议。

以色列因素也处于中国中东转型的轨道上。中国与伊朗之间的紧密关系令以色列感到不快。但金钱起到了作用，中国逐渐增大的武器市场对以色列越发具有吸引力，这种情况下，"意识形态分歧"退居其次。中方有意通过采购高质量的以色列武器来扩大军事进口，因此，以色列现在不仅积极向中国出售常规武器，还出售军事技术和军事太空领域的产品，如"巨蟒—3"导弹和"麻雀"系列无人机等。

对中国而言，中东政策框架下的利比亚危机是一次沉重"教训"。被美国及其盟友推翻的利比亚领导人卡扎菲曾经是中国长期的忠实朋友。在其执政期间，他为许多中国投资项目大开"绿灯"。在利比亚动乱前夕，中国对利比亚的投资额超过 185 亿美元，涵盖基础设施建设、能源和其他经济领域。利比亚内战和新政权颁布的命令使中国的努力化为乌有，数万名中国专家和工人被迫离开该国，而投资项目不得不从零开始。

在某种意义上，利比亚不仅仅是一个教训，还是加速中国在该地区对抗美国及其盟友政策演变的独特"触发器"。众所周知，中国（还有俄罗斯）曾经在联合国安理会上就利比亚问题投了弃权票，现在中国许多专家认为，这是一个错误决定。如果中国（和俄罗斯）在联合国安理会上态度更加强硬些，或许能够挽救卡扎菲政府。

中国正逐步恢复本国以往在利比亚的经济地位，尽管在利比亚国家四分五裂并伴随经常性种族冲突的条件下，做到这点相当困难。

中国在伊拉克迅速弥补了 2003—2004 年的损失，并在 2016 年以前将石油开采和出口恢复到萨达姆·侯赛因执政时期的水平。目前，中国公司（中国石油天然气股份有限公司、中国海洋石油集团有限公司、中国石油化工集团有限公司）拥有伊拉克主要油田的 37%—64%的份额，超过美国和其他一系列国家的企业。

伊朗是中国中东政策中的一个支点。

1979 年"伊斯兰革命"胜利以及伊朗伊斯兰共和国成立之后，中伊关系得到一定发展。经历 20 世纪 80 年代的相互中立时期和 90年代末的复苏时期，中伊两国在 2000 年后成为积极开展合作的伙伴关系。这种演变的基础，既有地缘政治因素，也包括纯粹的经济因素。伊朗一贯十分强硬的反美政策以及美国的报复措施，在客观上促使中国和伊朗在地区问题上的立场更加接近，特别是在对抗美国在中东和南亚不断增长的影响力方面。

经济因素与日益深化的中伊两国合作需求有关：中国扩大对伊朗的能源进口（特别是 20 世纪 90 年代以后），而伊朗增加对中国工业品的进口，包括机械技术产品、日用电子产品、计算机和汽车。尽管美国及其盟国试图封锁伊朗，但在2000—2008年中伊经贸关系的加强成为中国改革的重要经济成果，同时也是伊朗持续稳定发展的必然结果。

两国能源合作领域的重要成果是签署两项为期25年的共同开发伊朗新油气田的大型项目。2004年10月，中国和伊朗签署关于向中国供应石油和天然气以及共同开发位于伊拉克边境附近的雅达瓦兰油田的初步协议，该协议金额为700亿—1000亿美元。此前的2004年1月，伊朗同意25年内向中国出售价值200亿美元的液化气。

中伊两国的能源合作始于20世纪80年代末，当时就奠定了两国在这些国民经济领域合作的法律和技术基础。

资料：1989年9月，中伊两国签署和平使用原子能的合作协议，1993年伊朗议会批准该协议。20世纪90年代初，中国政府同意提供技术和人力协助建设布什尔核电站，以及在伊朗西南部建设一座容量为300兆瓦的新核电站。1993年1月，时任中国外交部副部长杨福昌出访伊朗期间，两国签署关于中国向伊朗提供必要设备的协议；1995年签订在伊斯法罕附近建造铀浓缩厂的合同；1999年由于美国施压，伊朗与中国在原子能领域的合作被暂停。①2015年7月14日，伊朗与伊核问题六国（俄罗斯、美国、英国、中国、法国、德国）达成解决伊朗核问题的历史性协议：通过《联合全面

---

① Боронец Ю. Политическая составляющая китайско-иранского сотрудничества.URL:http://www.iimes.ru/rus/stat/2005/18-05-05.htm; см. также: Саруханян С. Иранская ядерная программа. URL: www.noravark.am.

行动计划》，该协议的执行解除了联合国安理会、美国和欧
盟对伊朗的经济制裁与金融制裁。

◇◇◇

中国和俄罗斯在伊朗核问题上有着明确的共同立场：伊朗拥有核
武器是不允许的，但制裁与反对不会带来积极结果，解决伊核问题的
唯一途径是谈判。

伊朗允许中国和印度开发其境内的油田，鼓励两国对其石油部门
的投资政策。中国公司在伊朗市场主要从事油气开采、石油加工和电
力工程领域业务，还有地铁、水坝和水泥生产厂的建设工作，以及冶
金工业与船舶工业领域的业务。①

伊朗领导人将中国视为重要的军事技术合作伙伴。俄罗斯学者的
一些研究表明，伊朗武装力量的现代化计划进程可以证实，2017 年
伊朗国家武器和军事装备生产技术发展水平不允许伊朗官方完全放
弃使用外部（首先是俄罗斯和中国）现代化武器制造的计划。2015—
2016 年，伊朗开始与中国开展积极的军事技术合作。根据各方的估
算，近六年来，中国向伊朗提供的武器和军事装备的价值达 32 亿—
44 亿美元。伊中军事技术合作的特点是：中国不仅提供现成的武器装
备，而且向伊朗转让一系列技术，为其建设军工综合体提供协助。

2007 年 10 月 15 日，在位于德黑兰的伊朗水资源与能源开发公
司办公室举行签约仪式，中伊两国代表就建设鲁德巴尔水电站和大坝

---

① БелобородовЮ.Я. Современные российско-иранские отношения: вызовы и возможности.
Рабочаятетрадь/гл. ред. И.С. Иванов//Российский совет по международным делам
(РСМД) . М.: Спецкнига, 2014. С. 42.

的条款达成协议。该项目由伊朗和中国公司联合投资。伊朗官员表示，将利用中国投资建设本国的 20 座大坝和水电站，并在中国帮助下建造水电站，其潜在容量将达到 25000 兆瓦。到 2008 年年初，中国公司在伊朗建造起两座水电站：塔里干水电站和莫拉萨德拉水电站，并赢得鲁德巴尔水电站和大坝项目的招标合同。

2007 年 10 月底，中国开通 10 亿美元的信贷额度，为伊朗经济项目提供资金。当前中国对伊朗的直接投资额达到 250 亿美元。中国向伊朗贷款的条件之一是允许中国在建设鲁德巴尔水电站项目框架下建造运河。伊朗专家认为，通过使用伊朗水电站的廉价电力每年可节约近 200 亿立方米的天然气和大量柴油。

自 2004 年以来，中国超过日本成为向伊朗出口工业品的主要国家，而日本此前一直是伊朗的主要贸易伙伴。2004 年伊中贸易额为 50 亿美元，2007 年则增长到 140 亿美元。在伊朗向中国出口的商品目录中，石油和建材占据主要地位；而在伊朗从中国进口的商品目录中，电子设备和汽车零部件是主要产品。伊朗确保中国 18％的石油进口需求。

2014 年，中伊贸易额超 500 亿美元，油气是两国经贸合作的主要领域，与此同时，两国还在军事领域开展积极合作。中国成为伊朗军事装备主要供应国之一。美国多次对在伊朗经营的中国公司实施制裁，原因是这些公司向伊朗出口用于军事装备生产或测试的设备，但这些制裁使中国与伊朗的联系更加紧密。[1]

---

[1]　Оганисян А. Китай и Иран: две чаши весов прагматизма. URL: https://eadai-ly.com/ru/news/2016/11/03/kitay-i-iran-dve-chashi-vesov-pragmatizma.

中伊两国正在开展交通和建设领域的合作，包括积极利用伊朗土地资源落实中国的"一带一路"倡议。2018年年初，共有1800家中国企业在伊朗开展业务。

目前，中国的"阿富汗议程"不仅包括打击来自阿富汗的"三股势力"（恐怖主义、极端主义和分裂主义），还包括与俄罗斯及上海合作组织其他成员国共同打击毒品走私，开展经济投资合作。地理上，中国与阿富汗拥有92公里的边境线，中国喀什地区的居民与邻近的阿富汗部落一直保持着长久而传统的联系。

中国领导人多次指出，2002年以后，美国以在阿富汗进行反恐行动为借口，在紧邻中国边境的中亚国家设立军事基地。中阿关系评估专家强调，除议程上的一般性问题以外，阿富汗领导人十分重视扩大与中国之间的军事技术合作，特别是增加中国对阿富汗的军备供给。

尽管存在风险，中国仍定期对阿富汗市场进行大型投资。2007年以来，中国的钢铁公司一直在阿富汗从事"艾娜克"铜矿的开采活动，投资额高达30亿美元。该铜矿储量为1300万吨。同时，中国还在社会领域为阿富汗提供援助。在中国资金援助下，阿富汗喀布尔省修建起多家军医院和普通医院，实施水利项目，并且开始培养教师、警察、外交官以及各领域的专家来储备人才。

中国政府和中国人民解放军领导人高度重视与阿富汗发展两国和两军间的关系，支持阿富汗实现国家重建。中方准备进一步加强两国军队间的交流与合作，推动两军关系迈上新台阶，维护地区和平与稳定。

2006 年，时任中华人民共和国国家主席胡锦涛在访问巴西、阿根廷、古巴和其他国家期间，首次表现出中国对南美的战略兴趣，中国在拉美地区的政治动机得到清晰的表达。而习近平主席时代，每进行一次新的访问，中国在该地区的战略重点都会得到补充。

截至 2015 年，除石油、原材料以及发展贸易与投资的期望以外，中国还希望平稳推进自身在美国后方的"和平崛起"，这一点变得显而易见。

2009 年，时任中华人民共和国副主席的习近平在访问墨西哥期间所发表的声明被载入史册。该声明可以概括为：对那些"吃饱了没事干"批评中国的外国人给予严厉回击，以及明确表明中国不会输出革命、饥饿和贫困。

当时，这位中国领导人没有说明"吃饱了没事干的外国人"是哪个（些）国家的人，但这句话的所指对象不言而喻。墨西哥与美国接壤，因此这句话明确指向美国。随后，这句话毫无疑问地在华盛顿和布鲁塞尔引起不满；与此相对的是，拉美人民对此表现得极为欣喜，并给予支持。很难肯定地说，习近平的"墨西哥讲话"是经过深思熟虑的准备，还是即兴发表的讲话。考虑到中国的一贯方式，这很可能是经过深思熟虑与细致准备迈出的一步。

当前，中国与南美国家之间军事战略对话的积极推进，以及中国对南美大陆的军备供应使美国感到不安。2012 年以来，中国每年都会举办中拉高级防务论坛，各国国防部长及其他官员均参与其中。

众所周知，南美大陆曾历经数次左翼思想的复兴浪潮。人们都清楚地记得，20 世纪六七十年代，拉美革命青年是如何拿着切·格瓦拉和毛泽东的画像。委内瑞拉前总统乌戈·查韦斯在去世前曾屡次公开承认自己在年轻时崇拜毛泽东，并认为如果毛主席和西蒙·玻利瓦尔（19 世纪西班牙殖民地独立解放运动的领导人）能够相见，他们一定会成为朋友。

当然，中国充分尊重历史，会更多地从务实角度来看待拉丁美洲。早在胡锦涛执政时期，中国领导人便非正式地划分出南美大陆的三个优先群体：（1）战略伙伴（巴西、墨西哥、阿根廷、委内瑞拉）；（2）合作伙伴（智利、秘鲁、古巴）；（3）友好合作伙伴（中美洲及加勒比国家）。商业原则和意识形态原则是这一非正式划分的出发点。

当前的政治局势，即南美大陆的现状，目前似乎令中国十分满意。一些拉美专家指出，中国并不准备公开挑战美国。与此同时，中国慷慨地向朋友和伙伴提供优惠贷款（2015 年，向加拉加斯提供 320 亿美元贷款，以石油进行偿付），并对基础设施项目和其他项目进行投资（其中，委内瑞拉获得 76 亿美元资金，用以修建从太平洋沿岸到加勒比海沿岸的铁路）。

中国的此类行为或许可以解释为不准备在南美地区与美国进行公开竞争。此外，中国领导人不仅考虑到南美大陆左派势力的意见，还考虑到南美大陆个别国家的立场，后者与限制美国霸权的愿景有关，但并非以中国操控取代美国霸权。

中国计划在拉丁美洲落实"一带一路"倡议，成为一个相对较新的话题。正如俄罗斯科学院远东研究所专家萨夫罗诺娃所说，该计划可为中国带来以下五大优势：

第一，在拉丁美洲修建水运及港口基础设施，可为从南美大陆向中国运送原材料、矿物和农产品提供新型、更加快捷和多样化的交货方式；

第二，通过降低运输成本，来降低中国的进口成本；

第三，允许中国控制南美地区的运输枢纽；

第四，为中国的工程公司和工程承包公司提供合作机会；

第五，为中国提供近距离观察其全球对手美国的机会。[1]

中国为该地区各国提供各种多边、双边和一体化项目的合作机会。巴西和南非当时加入俄印中三边合作关系之中，不仅使项目更加全球化和多布局（金砖国家），还为中巴关系谱写更加壮丽的篇章。与此同时，中国成立东亚—拉美合作论坛，成为美洲国家组织的常驻观察员，并采取其他措施来推进自身在南美大陆的利益。

部分拉美国家加入北美自由贸易区，这为中国带来一些难题。中国当时应对这些难题的方式十分有效，即与这些国家（智利和墨西哥）建立双边自由贸易区，同时中国还巧妙地利用合作伙伴多元化经营的倾向。

更确切地说，中国领导人习近平将继续奉行维持中美拉三边动态平衡关系的政策，而非觊觎绝对领导权。部分中国专家认为，不排除自由主义与保守主义情绪会在某些左翼国家（如委内瑞拉、古巴及其他国家）增长的可能性。

---

[1]　Сафронова Е.И. Китай и развивающийся мир: концепции и актуальная практика отношений（на примере Африки и Латинской Америки）. М.: ИД «ФОРУМ», 2018. С. 164–165.

中国对"黑色大陆"实行的当代政策在某种程度上与 20 世纪苏联的政策有相似之处。与如今的中国一样，俄罗斯曾经也是落后国家强有力的援助者。据专家介绍，苏联曾向非洲投资约 1500 亿美元。相比之下，如今中国投资约 450 亿—500 亿美元，并且（与 53 个非洲国家中的 47 个国家）年贸易额达到 2000 亿美元。部分国家冒险承认台湾"合法"地位，因而自动失去其可能从中国获得的份额。

以上是相似的外部特征。苏联模式是根据众所周知的模式所建立的，即用资源来换取意识形态的忠诚和对"社会主义取向"方针的忠诚。社会主义取向从哪里开始、在哪里突然结束、为什么有时它会将政权领向独裁制度，苏联党的理论家们没有对这些问题作出回答。以上这些都是当时与美国进行全球性对抗过程中不可避免的"天然成本"。与此同时，苏联在非洲大陆还被视为"他者"，对于发展而言，是一种附加（备用）选项，主要选项依然来自西方。

当前，中国在非洲占据优势的模式是基于中国人民和非洲人民反对"西方帝国主义"的历史命运的某种共性。中国人在非洲将自己定位为"自己人"，是反西方（的发展中国家）世界的一部分。的确，有保留地讲，由于众所周知的原因，它们如今已不再那么贫穷或受压迫，甚至可能会扮演世界领导者的角色。而我们知道，这一角色承担着帮助他国并与他国分享自身成果的责任。

俄罗斯科学院非洲研究所中非关系专家捷依奇教授指出，21 世纪最初的十年里，可以看到中国对非洲的援助急剧增强，援助形式包括公债、贷款、投资和无偿援助。与此同时，正如他所指出的那样，与西方的援助不同，中国向非洲提供援助并非由政治所决定。中国的援助因符合非洲大陆各国的需求而受到欢迎，涉及基础设施、轻工业、食品工业、农业、医疗卫生和教育等领域。①

在过去的十年中，中国一直致力于在非洲五个国家建立经济特区。中国将"黑色大陆"与所提出的"一带一路"倡议，联通成一个相对较新的方向。正如另一位俄罗斯专家萨夫罗诺娃所说，中国项目的落实与以下两大主要方向有关："首要且最基本的方向是建立直接符合'一带一路'任务需求，以及中国扩大非洲原材料和食品进口计划的基础设施运输网，为中国过剩的劳动力和建筑业潜力寻找新平台。专家强调，第二个方向是将劳动密集型产业转移到非洲，原因在于中国国内生产成本的增加。"②

对中国而言，商业利益与无偿援助之间的关系仍是一个敏感问题。许多西方专家直白地将中国称为"非洲新的殖民者"，指责中国过度榨取资源，并使用"中国新殖民主义""扩张政策"等术语。毫无疑问，中国不能在赤裸的利他主义基础之上建立自己的非洲政策。鉴于中国对碳氢化合物和其他天然原料的需求不断增长，对中国来说，开采非洲资源是尤为睿智且必要的一步。

非洲人对中国持有不同态度。有些人对中国公司仅带来劳动力这一点感到不满，也存在反对中国公司过度开采资源的生态抗议等。但总体来看，执政精英和绝大多数人都对中方抱有好感。在此基础上，

---

① Дейч Т.Л. Африка во внешнеполитической стратегии Китая (конец XIX — начало XXI в.): автореф. дисс. ... д-ра ист. наук. М.: ФГБУ Институт Африки РАН, 2013. С. 11–16.

② Сафронова Е.И. Китай и развивающийся мир: концепции и актуальная практика отношений (на примере Африки и Латинской Америки). С. 153–154.

中国不断系统化地将资金投入基础设施和工业之中，并为非洲人民提供人道主义机会（每年有多达 2 万非洲人前往中国留学、获得补助等）。

中国在联合国有关非洲问题方面的立场，也提升了非洲对中国的好感度。因此，中国驻联合国代表会定期支持非洲国家关于建立原材料区域经济组织、加强对开采自然资源的严格控制的提案。早在 15 年前，许多中国非洲问题专家就注意到金融问题与发展问题两者间的密切联系，并建议将市场原则暂放一边，实现非洲金融体系的改革，同时建议对这些体系[①] 的情况进行监控。

事实上，非洲群体在联合国中扮演着至关重要的角色，正是因为他们，西方（美国、欧盟）对中国侵犯人权的谴责才未能成功。西方国家在联合国人权委员会上 11 次谴责中国此类侵犯行为的提案均遭到驳回。[②]

中非合作论坛的年度材料驳斥了"中国的一切经济政策都旨在不惜一切代价榨取矿产等资源"这一无稽之谈。专家指出，中国对非洲 60% 的投资用于工业、建筑业（道路、学校、医院）和金融领域，仅有 25% 的投资用于采矿。通过分析不断发展的中非贸易，中国专家强调，双方贸易额的 20% 便足以保证非洲经济的增长与发展。很难说这些数字有多么准确，但无论如何，把贸易因素和社会因素结合起

---

①　Zongde Chen. African Country Should Pay Full Attention to Finance. Beijing:Institute of West Asian and African Studies CASS. 2004. pp. 57–6.

②　Cheng J., Shi Huangao. China's African Policy in the post-Cold War Era//Journalof Contemporary Asia. 2009.No 39. pp. 89–115.

来，中国对非洲影响的新质量与我们切身相关。

中国的实用主义政策提高了经济政策的优势。中方希望加强双方的联系，并且公开与不同制度的内部意识形态立场划清界限。

很早以前，机制化就被纳入中国的非洲战略。中非合作论坛自2000年起开始运作，共有49个国家参与其中。中国领导人每年都会对非洲大陆进行数十次访问。2016年，中国商务部的报告指出，在非洲大陆上超过2237家中国公司和企业取得卓越成绩，以及中非发展基金工作进展顺利，去年共有183亿美元资金通过中非发展基金流入非洲等。

积极推行一体化实践，成为相对较新的中国政策。这意味着跨区域一体化项目"中国—西非国家经济共同体"实际上正在落实，经济开放区（坦桑尼亚、毛里求斯等）正在构建之中。

显然，中国政府关于自2012年1月1日起向非洲30个最不发达的国家实施60%进口商品征收零关税的决定，也属于相对较新的中国政策。

关于主要优先国家排序，应当划分出一批碳氢化合物燃料出口国家，即安哥拉（中国向燃料动力综合企业投资79亿美元）、尼日利亚（89亿美元）、加纳（57亿美元）、坦桑尼亚（35亿美元）、乌干达（42亿美元）。在拥有铁矿、黄金、铀和铜矿储备的国家中，中国最关注的国家有纳米比亚、南非共和国、赞比亚、津巴布韦、几内亚、利比里亚和厄立特里亚。

中国的全球动机透过其纲领显露出来，即不仅仅将"黑色大陆"视为原材料的来源，同时也将其视为地缘政治对抗区域。近年来，中国逐渐将英国排挤出非洲。南非是受英国影响深远的国家，但中国似乎能够说服南非，使其相信中国的经济措施与诡诈的欧洲不同，只会为南非带来益处。南非加入金砖国家机制，不仅加强中南双边关系，而且还在客观上使南非进入到更高的地缘政治层面。

因此，从 600 年前郑和的船只到访非洲东海岸起，中国便开始实行非洲政策。21 世纪初，该政策开始具有系统性特征，并与人文、历史、经济和政治资源进行结合。实际上，非洲大陆的每个国家都已经感受到与中国之间千丝万缕的联系。

五、俄罗斯视域下的中国、印度、巴基斯坦：机遇与挑战

中国和印度形式上仍属于发展中国家，是地区大国。两国拥有共同边界（3000 公里），且分别位于亚洲的不同地区：印度位于南亚，是南亚区域合作联盟的主要成员国之一，中国则位于东亚。

2017 年上海合作组织阿斯塔纳元首理事会[①]决定接纳印度和巴基斯坦为本组织正式成员国，这为中国、巴基斯坦，以及对中国较为复杂的长期合作伙伴——印度，三方之间的关系带来新的微妙变化。

上海合作组织中的印度和巴基斯坦。巴基斯坦可能会谨慎利用上海合作组织使"克什米尔问题"国际化，并扩大讨论的参与国家数量；而印度将对此表示强烈反对，认为该问题完全属于双边关系领域。谈

---

① Информационное сообщение по итогам заседания СГГ ШОС (Астана, 8–9 июня 2017 г.)// Официальный сайт ШОС. 09 июля 2017 г. http://rus.sectsco.org/news/20170609/289250.html.

及该进程的形式与前景，对上海合作组织而言，合理的做法是完全退出这一讨论、不鼓励在多边模式下提出双边关系的敏感话题，同时保持利益平衡和集体立场。

尽管上海合作组织已经启动扩员，成员国还应当避免对某些非正式组合的设想，如中国—巴基斯坦、俄罗斯—印度等，这种多样化或两极分化对上海合作组织整体以及各个国家而言，均毫无益处。新（印度、巴基斯坦）老成员国都需要摆脱传统的政治取向。唯一的出路就是本组织各成员国坚持集体主义和平等的"上海精神"，摒弃历史倾向或历史偏见，在平等基础上开展工作。

印度和中国。尽管除上海合作组织以外，印中两国同时是金砖国家和俄印中合作机制的成员国，但印度加入上海合作组织，在客观上可能引起该组织内部的一些隐性竞争，巴基斯坦这一因素也间接使维持稳定的前景变得复杂化。众所周知，中国向巴基斯坦提供军事技术援助，引起印度的消极反应，而与此同时，印中两国之间的边界问题尚未解决。

若从更深层次来看，中印两国显然正酝酿着地缘政治抱负，问题仅在于哪一方会率先向对方公开"提出决斗"和对外宣布新的全球地位。一切迹象都显示中国才是领导国。如我们所知，中国在很多方面均领先于印度。中国是"核俱乐部"的正式成员，是联合国安理会常任理事国，国内生产总值超过印度 5 倍等。而就目前来看，印度不可能战胜中国的这些王牌。

与此同时，中国在全球竞争中也更令人信服。如果说在与美国的关系中，中国彰显出自身的力量与信心，那么印度有时看起来则像是一个"小弟"。印度郑重宣布本国的"独立方针"，希望发展本国的和平核计划，但同时却在美国庇护下开始谈及"团结亚洲的民主力量"（对抗中国）的必要性。印度还试图利用日本这一因素来对抗中国。2017 年 9 月，日本首相安倍晋三对印度进行正式访问，并受到印度总理莫迪的接见。这是日印两国领导人自 2014 年莫迪当选印度总理后的第十次会晤。会晤期间，两位首脑强调双方在安全和经济领域的合作，日印两国分析员认为，该合作意在反对中国的领土扩张和军事扩张。正如俄罗斯教授基斯塔诺夫所指出的那样，在军事领域，印度和日本打算依靠美国强大的海军力量，因为美国是中国主要的潜在敌人。日印两国元首正在积极推进印度海军、美国海军和日本海上自卫队的联合演习。

日本评论员指出，日印两国领导实际上都支持在美国参与下联合建立统一的海上反华安全阵线。基斯塔诺夫强调："加强亚洲第二和第三经济大国间经济协作背后，有着中国因素。日印两国在基础设施领域的协议也意指中国。安倍和莫迪就建立新的'日印东方行动论坛'达成一致，以便开发印度东北部的道路、电力和其他项目。日本向印度政府提供 386 亿日元（折合 3.49 亿美元）的资金[①]，用于建设印度东北部的道路网。"

印度军事专家在其著作中详细列出印度在该领域严重落后中国的情况，并特别指出中国在航空航天、海军现代化速度、战略武器水平等方面的显著优势。与此同时，这些专家强调，印度可以通过专注于

---

① Кистанов В.О. Япония и Индия оглянулись на Китай//Восток России. 25 сентября 2017 г. URL: https://www.eastrussia.ru/material/yaponiya-i-indiya-oglyanulis-na-kitay/.

快速研发和部署大批中程弹道导弹，如"烈火—3"、"烈火—4"和"烈火—5"①，来缩小与中国之间的差距。

印度海军直至最近才在印度洋地区保持自身优势。2012 年 12 月 5 日，印度海军司令乔希宣布，准备派战舰前往中国南海以"保护印度的国家利益"。很明显，目前印度在理论上已准备好与中国在"他国"海域进行较量。②

印度的强硬立场，不仅是因为历史"屈辱"和中印两个大国在该地区的当下竞争，而且也是由于印度勘探中国南海油气田的活跃政策，这激起中国的强烈不满。

尽管仍存在"暗礁"，但遏制与缓和中印矛盾的机制目前仍在继续运转，这也是俄罗斯外交的一大成绩。

众所周知，近十年来，俄印中三边机制定期缓和中印之间的焦灼局势，为中印双边关系提升到战略伙伴关系水平提供了机遇。除解决经济任务和政治合作任务以外，三边机制的形成还使中印两国在三边对话的发展与深化框架内更加紧密地联系在一起，其基础是共同的经济利益。据此，2014 年，中印两国的贸易额达到 706 亿美元。

或许，如今的三边合作机制不再像以前那么有效，但印度加入上海合作组织（2017），以及印度在金砖国家的活动，都使得调节和缓解中印这两大亚洲巨人之间反复出现的紧张关系成为可能。

当前中印的贸易额（800 亿美元），显然与两国的经济实力还不

---

① Rise of China Indian Perspectives/Editors S. Gopal, Nabeel A. Mancheri. NewDelhi, 2013. pp. 29–34, 57–62, 95–112.

② Rise of China Indian Perspectives/Editors S. Gopal, Nabeel A. Mancheri. pp. 39–45.

匹配。贸易水平较低的原因有很多，其中包括双方互信问题。比如，根据当前的贸易结构，印度认为，本国正在转变为中国的原料供应"附庸国"。在中国对印度的出口中，电工技术、汽轮机、电信设备、机械制造业产品、有机化学产品、铸钢工业产品和计算机等占多数；而中国从印度购买的主要产品是矿石、棉花、纱线、织物、宝石和金属，机械制造业产品在印度对华出口中比例仅为 3.5%。

对印度而言，中国与巴基斯坦之间的亲密关系仍是主要刺激因素之一。中国对巴基斯坦具有战略意义的重点项目"瓜达尔港"和其他项目的投资活动，每年都在增加。俄罗斯科学院远东研究所专家安季波夫指出："早在 2013 年'一带一路'全球战略倡议提出之前，巴基斯坦就已经成为中国投资的一个优先方向。2010 年 12 月对巴基斯坦进行国事访问期间，时任中国国务院总理温家宝与巴方签署一系列关于提供基础设施发展援助和 300 亿美元投资的协议。习近平的战略部署及其 2015 年 4 月对巴基斯坦的访问，包括总额为 460 亿美元的一系列前所未有的投资协议的签订，都无疑强化中巴合作，并使其迈上新的台阶。也正是在此期间，中巴两国通过关于建设中巴经济走廊以及建立相应机制的共同决定，双方决定在两国分别设立中巴经济走廊委员会代表处。"①

2017 年，建设中巴经济走廊成为中巴合作重点，其主要干线联通中国新疆维吾尔自治区的喀什市和印度洋沿岸的巴基斯坦瓜达尔

---

① Антипов К.В. Инвестиции КНР в Пакистан: результаты и перспективы. 17.07.2017. URL: http://russiancouncil.ru/analytics-and-comments/analytics/investit-sii-knr-v-pakistan-rezultaty-i-perspektivy//.

港。中巴经济走廊基础设施项目计划投资超过100亿美元，包括瓜达尔深水港（6.22亿美元）、新瓜达尔国际机场（2.5亿美元）的开发费用，以及公路、铁路和光纤通信的建设费用。①

中印关于边界问题的协调机制仍在继续运行，两国就共同边界问题的正副部长级年度谈判也在继续开展，但实际上，这并不能完全保证双方能够避免不时发生加剧的相互摩擦。协调共同边界地区利益的旧模式或许已经不再有效，对此我们需要提出新的想法，首先是在经济轨道上，这将提高双方互信水平。中国、印度和俄罗斯对此均十分感兴趣。尽管中印关系具有复杂性和内部冲突，中印两国可以与对方进行谈判。

中印在核武器问题上的立场客观上使双方接近。两国的核威慑战略都处于合理范围之内，且两国均认为核威慑不是发动战争的手段，而是为强化各自地区和全球影响力所被迫使用的必要政治属性。

俄罗斯对中国和印度两个合作伙伴的态度是一致的，这一态度建立在缓和中印现存矛盾、维持调节过程以及加强中印对话互信的基础上。特别是设立的"俄印中"三边对话机制②，正是俄罗斯用于平衡与

---

① Антипов К.В. Инвестиции КНР в Пакистан: результаты и перспективы. 17.07.2017. URL: http://russiancouncil.ru/analytics-and-comments/analytics/investit-sii-knr-v-pakistan-rezultaty-i-perspektivy//.

② 2001年，普里马科夫表示必须建立"莫斯科—新德里—北京"战略轴心，随后俄罗斯科学院远东研究所提出了三国外交部"二轨外交"形式的三方项目，每年（2001—2018年）举办俄印中三国主要学者论坛，按照莫斯科、新德里、北京的顺序依次召开。学术界的研究成果，在筹备和举办三方外交部长、总理和元首会议时被采用。目前"俄印中"项目的专家正在研究"俄印中"三边互动的重要关系问题，并且符合"二轨外交"任何一方。

中印关系的重要政治机制。

2016 年 11 月 30 日批准的新版《俄罗斯联邦对外政策构想》中，中国和印度被指定为非独联体国家中最优先的合作伙伴（第 84 条和第 85 条）。该构想第 86 条直接提到"俄罗斯认为有必要在俄印中三边机制框架内，进一步发展互利有效的外交政策和务实合作"。

俄罗斯视俄印中三边机制以及其他对话平台（如金砖国家机制、二十国集团、上海合作组织）均为重要因素，能够维护以联合国为首的全球"旧的"治理体制的同时，确保和平发展的稳定性与可控性。

俄印中三边机制有机地融合进"巴西—俄罗斯—印度—中国—南非"（金砖五国）组织和上海合作组织，与此同时，俄印中三边机制作为独立的对话平台得到完整保留，并未消失于其他合作项目中。俄印中三边机制须以发展欧亚三边合作为前提。

将俄印中三国团结在一起的首要任务是，提高三国之间的投资水平和确保地区和世界的整体安全。俄印中三边机制正在顺利发展，特别是三国加入需要进行改革和现代化升级全球治理体系这一全球方向。在此可以强调几方面，如俄印中各自与联合国之间的相互协作（包括在联合国安理会的活动），以及三国与国际金融机构（世界贸易组织、国际货币基金组织、亚洲开发银行等）的合作。

俄印中三国外长曾多次发表声明，表示三国支持加强发展中国家在全球经济治理体系中的作用，并支持尽快落实国际货币基金组织的改革。目前，三国支持消除世界金融机构代表性失衡的现象，并支持取消国际货币基金组织的额度限制。

2015 年，中国提出三边框架下的五个合作方向，包括设立"智库"、深化商界互动，以及开展在农业、灾害管理和医疗卫生等领域的合作。为此，还应开展在能源、高科技和环保三个领域的合作。

安全领域仍是一个复杂方向，其中包括美国对俄印中三边机制全球议程的影响问题。可以确信，该机制下的俄印中三国均打算更加积极地参与到全球范围的反恐活动体系之中，而并非仅在区域范围内开展此类活动，这将极大地提高全球安全与稳定的质量水平。

六、东亚的俄罗斯和中国：安全与合作向度

在确立区域性和全球性挑战与威胁程度时，通常会考虑两组威胁：传统方面包括军事威胁以及常规武器和核武器的扩散进程等；非传统方面包括陆上恐怖主义、海上恐怖主义与海盗行径的增长，以及跨国犯罪、生态问题、自然灾害、技术灾难、贩毒、非法移民、经济威胁和能源安全问题。

显然，这两组威胁与挑战"清单"中的现象经常会被更新和补充，使这些地区本来就十分矛盾的安全局势变得更加复杂化。此外，"第二组清单"（非传统威胁）的发展和补充相对于"第一组"要快得多。经济挑战也在直接或间接地影响安全。众所周知，一国的发展效率与社会内部指标的发展直接相关，这些指标包括生活质量、通货膨胀率、失业率、财政赤字、黄金外汇储备量、影子经济总量和腐败程度等。

通过人均 GDP 这一指标，可以从不同方面评估一国经济的"自

给自足"水平，以及普通公民生活在国内的经济"舒适度"。根据这一标准（人均GDP），在东亚地区人均收入较高的国家或地区包括：日本、新加坡、韩国、中国台湾和文莱；中等收入国家包括：泰国、菲律宾和印度尼西亚；最后，低收入群体国家包括：中国、柬埔寨、老挝、缅甸、越南和朝鲜。一座公民生活质量（舒适度）的"阶梯"正在形成。

如果我们采用另一个经济标准作为基础，也就是使用依据购买力平价的GDP这一指标，那么公民生活质量"阶梯"将会完全倒过来。中国将会立即超过日本，从东亚的最后一名（人均GDP排名）变成第一名，并将在世界排名中仅次于美国，位列第二名。东亚地区其他各国的排名也会发生改变。很明显，除上述列举的指标外，还存在其他可以用来确定国家及其公民经济安全水平的指标。因此，专家学者的任务就是找到能够将各种社会经济发展指标结合起来的最佳方法和标准。

2010年，泰国和印度尼西亚发生海啸，中国四川省和日本发生的地震也导致技术灾难。鉴于这些灾难造成的后果和破坏，东亚地区面临着更大规模的生态挑战。实际上，这些（尤其是在日本发生的）事件也使国家面临着制度挑战、国家救援和国家团结的问题。如今，生态问题已超出纯粹的生态学范围，兼具自然技术灾难和特殊政治挑战的特点。

众所周知，当前东亚在制度层面构建起三个安全机制。

第一个机制是东盟的倡议：东盟地区论坛。该倡议并非一种安全机制，而是定期举行的安全论坛，拥有开放工作制度，在议事日程和举办精神方面十分民主。

第二个机制是在已形成的俄中战略协作伙伴关系框架下，基于俄中两国的政治倡议而建立。事实上，该伙伴关系并非（正式的）安全机制，在功能上承担着维护地区安全和稳定的重任。制度上，这一形式通过俄中两国在上海合作组织和俄印中三边机制内的协作，包括两国在双边层面的上海合作组织地区反恐机构活动和（陆军和海军）联合军事演习活动，得到部分落实。

2001年7月16日签订的《俄中睦邻友好合作条约》第9条内容如下："如出现缔约一方认为会威胁和平、破坏和平或涉及其安全利益和针对缔约一方的侵略威胁的情况，缔约双方为消除所出现的威胁，将立即进行接触和磋商。"① 俄中伙伴关系模式展现出超出东亚地区安全机制的元素/特征。为发挥该条约第9条的作用，从2010年起，俄中领导人就创建符合地区所有国家利益的亚太安全机制的必要性，在双边论坛和会晤上发表定期联合声明。

第三个机制是美国同日本、韩国、澳大利亚以及其他一些国家在冷战时期形成的双边军事政治联盟体系（国防协定等）。这些联盟均是典型的军事联盟，完全符合美国及其盟国的利益。奥巴马执政期间，美国就已表现出将双边军事合作转变为网状（多边）形式的地区军事合作的意向，即在东亚建立协调该地区各国军事规划和行动的机制。

---

① Договор о добрососедстве, дружбе и сотрудничестве между Российской Федерацией и Китайской Народной Республикой. 16 июля 2001 г.//Сборник Российско-китайских документов. 1999–2007 гг. М., 2007. С. 146.

该意向实行的第一步是定期举行美泰"金色眼镜蛇"联合军演，菲律宾、新加坡、蒙古、日本和韩国受邀参加。美国现任总统特朗普仍有建立"东亚版北约"的意向，2017 年 12 月他公开表达了美国的国家安全观，其中将中国和俄罗斯列为头号竞争对手，第二级对手是朝鲜和伊朗，最后是国际恐怖势力。

第一个机制并非意在发挥军事政治联盟的特点，通常，这只是一些安全对话模式或者安全会议；作为第二种机制的上海合作组织也并非军事联盟；第三种（美国的）机制，恰恰相反，明确地指向严格的军事政治体系和伙伴关系等级，以及维护美国及其盟国在东亚地区的利益。可以看到，近年美国试图扩大其各种条约中的地理"责任范围"，其中就包括东亚的领土争端。

2017 年美国发布的《国家安全战略》使用了"印太地区"一词，显示出美国建立反华四边联盟（美国、日本、越南、印度）的明显意图，该联盟是对美国在亚太地区典型军事政治联盟体系的补充。

在类似的单边主义安全条件下，新"旧"进程均在强化，尤其是非传统威胁挑战"清单"中的进程。"预防性外交"是维护东亚地区"制度安全"的重要手段。众所周知，预防性外交并非重在及时解决问题，也并非专注于结果即恢复局势的安全与稳定的一次性措施，而是重在建立一个能够预防消极后果的进程。由于许多新的安全威胁具有跨国性质，预防性外交机制需要几个国家同时参与并进行建设性合作。在这方面，区域层次的预防性外交同有效的集体行动组织的作用更为相似。但与此同时，如何将这些行动与对该地区许多国家具有重要意义的主权原则结合起来，这一问题变得至关重要。

在奥巴马担任总统期间，美国开始系统的和长期的"重返亚太"军事政治战略，并在亚太地区同澳大利亚（达尔文）、越南（金兰）以及其他国家新建或更新安全方案。美国利用中国与其南部邻国的一切冲突和紧张局势为自己的战略服务。考虑到越南、菲律宾和日本日益增长的对华恐惧，美国组建各种形式的"反华队伍"要容易得多。美国军事专家也越来越多地谈论到关于如何使用最少的人与中国进行战争的理论。

事实上，在东亚目前还没有形成涵盖国际进程中所有参与者，并有利于该地区所有国家的地区安全机制。一方面，那些相当强硬且主要旨在维护美国及其盟国利益的旧安全方案并未改变；另一方面，新的方案正在生成，比如，在美国的支持下形成的日澳军事安全领域合作方案，以及美国开始实施的同新西兰的军事合作协定（可视为旧《澳新美安全条约》的一种翻版）。

因此，东北亚地区的传统和非传统挑战与威胁均正在增加，其中与俄罗斯密切相关的是朝鲜半岛无核化进程和该地区缺乏完善的安全机制。

很难说明当代的中日关系，因为其中存在着两种不同趋势。中日两国领导人为发展双边贸易（2016年贸易额超过3500亿美元）、投资合作和技术交流作出巨大努力，都试图推进利于建立中日韩自由贸易区的三边方案。

跨太平洋伙伴关系协定（以下简称"TPP"）仍是日本参与自由贸易的主要动力，日本于2015年正式加入该项协定。TPP将日本同美国以及其他十个太平洋国家联合起来，其签署国的生产总值和贸易总额分别占全球的 40％和 25％。但随着美国在 2017 年 1 月退出 TPP，该协定的前景受到质疑。鉴于启动 TPP 所花费的政治资本，日本首相安倍晋三对协定的修改并不热衷。对日本而言，TPP 仍然是以扩大贸易投资和采取共同规范纲领为基础的更广泛利益的统一工具。

中国和日本仍因在中国东海的钓鱼岛争端而关系紧张，两国经济因此失去所需的数百亿潜在利润。

岛屿争端在某些方面根源于历史。中国曾在古代和中世纪影响过日本，而 19 世纪末却在这个过去的"小弟"手里惨败，签订《马关条约》（1895 年）。根据这一条约，日本人首次"得到"现今争议的岛屿。

中国人民的悲惨命运与第二次世界大战有关，日本侵略并占领大部分中国领土。1978 年签署的《中日和平友好条约》结束了两国复杂的和解进程，根据这一条约，双方决定推迟岛屿问题谈判，并在未来加以解决。

15 年前，邻近岛屿的海洋大陆架上发现大量天然气矿藏，这使日本政府开始采取措施，加强自己在领土问题上的立场。由于所谓的"岛屿归私人所有"，日本右翼分子提出购买岛屿，以再次强调日本对这些岛屿的"国家主权"。2012 年 9 月 5 日，日本媒体宣布政府已与钓鱼岛中三个岛屿的"所有者"达成协议，以 20.5 亿日元购买岛屿，这导致中日冲突升级。

当时，中国民众的反日情绪表现为破坏日本公司和抵制日货，在中国甚至还流行一款名为"收复钓鱼岛"的网上游戏，有数千万中国年轻人玩过这款游戏。游戏的内容就是使用各种武装力量（海军、空军，包括潜艇、导弹、飞机）保卫岛屿，尽可能消灭更多日军装备。当然，在爱国主义热情高涨的浪潮中，碳氢化合物燃料的主题实际并未得到注意。尽管如此，资源动机在过去和现在一直存在，因为不论对日本还是中国而言，碳氢化合物燃料都已经成为国家安全不可分割的组成部分。

对美国而言，中国和日本：一个是军事政治盟友（日本），一个是潜在的地缘政治对手（中国），两国之间的岛屿冲突是一个非常有利的礼物。为加剧"岛屿争端"，美国不断宣布有意扩大美日同盟条约框架，为合法"调解"东盟各国和印度争端创造一种国际基础。

为比较中日在发生地区冲突情况下的军事能力，俄罗斯专家研究了各种军事方案。比如，俄罗斯科学院远东研究所的卡申认为，中国海军在对抗日本时没有任何胜算；西夫科夫的观点则相反，他推测中国在海战中占据优势。

2015 年 6 月 7—8 日，中国国家主席习近平和时任美国总统奥巴马在加利福尼亚的会谈结果缓和了冲突，两国领导人同意通过和平对话解决中国东海的矛盾。峰会结束后，日本首相安倍晋三公开支持这一成果。

台湾地区也在中日岛屿争端中追求自身利益，2015 年，台湾出乎日本和美国的意料站在中国大陆这边。此外，台湾正在试图以"中国—台湾—日本"模式发起某种三方谈判，由于已知的主权原因（台湾是中国领土的一部分），这对中国大陆来说是绝对不能接受的。但与此同时，中国也没有反对 2014 年 9 月中国护卫舰将台湾渔船护航至钓鱼岛区域。

2015 年，中日最高领导人举行会晤后，双方找到了所谓的战略性妥协。①2017 年 12 月 5—6 日，第八轮中日海洋事务高级别磋商在中国上海举行，中日两国外交、国防、执法、海洋等部门的代表参加了此次磋商。双方就东海问题交换意见，探讨了扩大海上合作的具体方式。磋商期间，双方就进一步加强交流和深化两国国防部门之间的互信达成一致意见。双方表示愿意继续中国公安部边防管理局和日本海上保安厅之间的合作，打击走私、偷渡、贩毒等跨境犯罪行为。双方同意重启"中日海运政策论坛"。

2017 年 12 月 4 日，第三轮中日企业家和前高官对话在日本东京举行。中国国际经济交流中心理事长、前国务院副总理曾培炎和日本前首相福田康夫及两国工商界领袖、政府前高官及专家学者共 70 人参加对话。日本首相安倍晋三表示，中日关系密不可分。2018 年是《中日和平友好条约》缔结 40 周年，希望双方着眼于亚洲基础设施建设的巨大需求，通过互利合作扩大共同利益，推动中日战略互惠关系向前发展。

然而，2017 年发生的事件表明，两国关系的消极趋势也在同时发展。两国间的基本矛盾并未因为上述在上海和东京举行的大型活动而消失。2017 年，美国和日本在海上安全领域采取积极行动。日本正式加入美印"马拉巴尔"联合海上军事演习，并在 2017 年 7 月，派出最大的直升机母舰在经停东南亚各港口巡航 3 个月后参加演习。日本海上自卫队仍然积极同该地区各国接触，并计划与东南亚海岸警

① 详见 Син Юаньюань. О некоторых аспектах и перспективах развитияяпоно-китайских отношений//Проблемы Дальнего Востока. 2017. № 4. C. 16–19。

192

卫队建立海上安全组织，不仅旨在帮助他们应对海盗和自然灾害，也是为提高他们控制和保护南海争议领域的能力。2017 年年底，日本外务大臣宣布对东南亚地区的海上安全领域投入 5 亿美元的经费，旨在扩大各国在最繁忙水道上的合作潜力。[①]

2015—2016 年，日本非营利性分析中心 Genrom 进行的一系列民意调查显示，中日两国关系状况堪忧。2016 年，78%的中国受访者和71%的日本受访者认为，两国间的关系是"差"或者"比较差"。2015—2016 年，两国民众对关系恶化的预期大幅增长：在中国从13.6%增长到20.5%，在日本从6.6%增长到10.1%。关于中日关系是否是亚洲冲突的潜在根源这一问题，46.3%的日本受访者和71.6%的中国受访者持肯定回答。2016 年，其他分析中心进行的调查也显示出如下结论：86%的日本受访者和81%的中国受访者对彼此持有不愉快的看法。[②]

俄罗斯不会干涉其他国家的岛屿争端，主张通过双边形式（中国—日本）使解决争端正常化，避免第三方干涉以及争端的国际化。

从中国民众的态度中可以看出，老百姓希望日本回到 1978 年签署条约时期的"起点"状态，当时双方达成共识决定将岛屿争端这一问题放到未来解决。

目前，俄日关系由两个相互矛盾的因素决定。一方面，俄日双方

---

① Michael Auslin. China vs. Japan: Asia's Other Great Game//The National Interest.17октября 2017//URL: http://inosmi.ru/politic/20171025/240611777.html.

② Michael Auslin. China vs. Japan: Asia's Other Great Game//The National Interest.17октября 2017//URL: http://inosmi.ru/politic/20171025/240611777.html.

清楚在经济投资层面存在大量未利用的机遇和资源，包括日本公司在俄罗斯远东和西伯利亚地区开发对彼此有利的项目。同时，西方对俄罗斯的制裁对日本而言又是很形式化的，并不是原则性阻碍。

另一方面，南千岛群岛尚未解决的问题在政治上阻碍了两国关系的整体进程。俄罗斯在该领域的主要专家基斯塔诺夫（俄罗斯科学院远东研究所）、斯特列利佐夫（莫斯科国际关系学院）、卡扎科夫（俄罗斯科学院远东研究所）写道："俄日两国的合作，尤其是在经济领域，拥有广阔的未开发潜力。而经贸、安全和人文领域关系发展的积极态势，目前还未达到在双边关系中形成相互依存关系的水平。"专家们强调，这使我们无法在不久的将来，寄希望于加强高质量伙伴关系及其向更高层次过渡。由于两国在领土问题上的立场仍然不相容，因此没有迹象表明，在不久的将来俄日能够克服这些"过往遗留"问题，并签订双方均能接受的和平条约。[①]

在讨论朝鲜半岛问题时，俄中指出，应将与朝核问题、尖锐的朝韩和美朝关系相关的地区挑战与风险放在首位。

明显的是，中国和朝鲜在政治上一贯高度相似，中国对其不听话的"小兄弟"负有某种的非正式责任。朝韩关系早已达到潜在的地区冲突状态，对周边国家造成实际威胁。多数专家在研究朝鲜半岛问题时，重点关注与朝核问题、尖锐的朝韩关系等相关的地区挑战与风险。

---

① Казаков О.И., Кистанов В.О., Стрельцов Д.В. Российско-японские отношенияв XXI веке//Российско-японские отношения в формате параллельной истории/под ред. акад. А.В. Торкунова и проф. М. Искибэ. М.: МГИМО — Университет, 2015.С. 864–865.

近期，全球安全问题在朝鲜半岛问题中凸显出来，即半岛出现的核冲突可能引发新的世界大战。在众所周知的朝鲜导弹发射、朝韩炮火对抗和六方会谈冻结后，美朝对立进一步加深。美国针对朝鲜拓展导弹防御系统范围，在韩国部署最新的反弹道导弹系统，并定期与韩国军队在位于韩朝边界的非军事区举行军事演习。

显然，美国的军事行动与其说是针对朝鲜，不如说是针对中国和俄罗斯。同时，美国正在日本和菲律宾南部的岛屿上部署新式预警雷达，增加（从 26 艘增加到 36 艘）装备反导弹的特种军舰。

美日和美韩的同盟条约将进行改编，转向加强各方军事政治义务方向。朝鲜正在打"核犯规"的擦边球，有意无意地在中国与美国的地缘政治和区域竞争中"替代"其"大哥"（中国）的位置。

同时，朝鲜并不急于应用中国的经验，将国家的所有力量和资源都集中在核计划的发展上。朝鲜领导人金正恩延续其父亲金正日的政策，违背联合国安理会的决议，坚持国家的"核方针"，并获得朝鲜人民的支持。对很多朝鲜人来说，原子弹是一种"国家观念"，也是震慑美国及其盟国的唯一武器。同时，这也是对数百万朝鲜民众的明确解释：国家将钱花在了何处。

朝鲜通常向中国寻求贷款、食品、能源及其他帮助。在不违反联合国安理会决议的情况下，中国均会向朝鲜提供帮助。中国一贯支持在意识形态上与之相似的政体，有时将其从致命威胁中拯救出来（1950—1953 年朝鲜战争）。在与韩国建立外交关系后（1992 年 8 月 24 日），中国仍未抛下朝鲜，尽管朝鲜将中国这一行为视为背叛，并发出强烈的愤慨和指责。

21 世纪最初的十年里，北京遗憾地确认，朝鲜不愿借鉴中国模式建立社会主义。同时，如果说 20 世纪 90 年代末至 21 世纪初，还有很多中国学者描述实现该模式的"轻松和快速"，指出中国开放地区已经证实有效的经验，以及利用中国金融和人才资源的可能性，那么不久之后，出版物的基调就发生了深刻改变。很多专家不相信朝鲜能够根据中国模式进行现代化，他们认为，朝鲜变成中国走向地区大国和世界大国的"负担"。

至于韩国，中韩两国关系中打下坚实基础。两国是互利的经济和投资伙伴，年贸易额超过 2000 亿美元。自美国在韩国部署反导系统之后，中韩关系急剧恶化。事实上，中国采取了正式制裁方式，严格限制两国经济往来，抵制在华的韩国企业。2016 年年底至 2017 年年初，按照双方的共同意愿，两国关系实现正常化。

中国对韩国不得不采取"胡萝卜加大棒"政策，明确表示不允许半岛冲突，因为这将威胁中国的国家安全。中国将利用一切机会，帮助朝韩关系正常化。

一些激进的中国专家指出，理论上可将朝鲜作为中国"遏制"政策的一部分来对抗美国，但这要求朝鲜完全依赖于中国，并受其控制，包括政治和军事方面。目前，中国不能也不寻求这一点，朝鲜奉行自己的政策，不会对中国的建议言听计从。

2016—2017 年，在联合国安理会因朝鲜违反不扩散机制和未经批准擅自发射导弹决定对其实施经济制裁时，俄罗斯和中国坚持统一立场，并未行使否决权。与此同时，俄中强调制裁政策已失去效力，有必要同朝鲜进行一切形式的和平对话，建议半岛进入"双暂停"状态，即朝鲜停止导弹试验，美国和韩国停止军事演习。

2017 年 12 月 13—16 日，韩国总统文在寅访问中国，这对半岛局势正常化至关重要。访华期间，文在寅与中国国家主席习近平在北京举行高层会谈。此外，他还同中国国务院总理李克强及其他高层官员进行会晤。双方会谈的主题是双边经贸合作、投资以及朝鲜问题。双方还讨论了美国在朝鲜半岛部署导弹防御系统这一十分微妙的话题。

中国和俄罗斯的努力或许间接影响了朝韩关系的突破。2018 年 1月 9 日，在朝鲜倡议下，朝韩两国的官方代表在非军事区举行会谈，讨论了包括朝鲜派体育代表团参加平昌冬奥会等一系列问题。

金正恩于 2018 年 1 月 1 日发表声明称，会谈的发起方是朝鲜。韩国总统文在寅在 2017 年 12 月中旬对中国为期四天的访问，或许对此产生了间接影响。另一个影响双方开始谈判的间接因素是俄罗斯的立场，俄罗斯与中国就"双暂停"保持一致立场（朝鲜停止导弹发射和韩国停止大规模军事演习）。众所周知，由于美国 2017 年 11 月的过失，冻结中断。尽管如此，俄中两国对韩国、美国施加压力以及与朝鲜的磋商，都影响到 1 月 9 日开始的朝韩新阶段谈判。

尽管韩国和美国是同盟，但二者对朝韩会谈的立场并不相同。韩国政府官员多次表示，韩方坚持通过高层会谈来推动半岛无核化。而美国坚持认为，韩国应将朝鲜无核化作为开启会谈的硬性条件，这自然会破坏朝韩接触的一切尝试。

朝韩两国代表团共同参加平昌冬奥会，是朝鲜领导人金正恩和韩国总统文在寅的外交胜利。

美国在朝鲜半岛持续紧张的局势中获益。在此情况下，美国迫使朝韩两国关系处于"短暂扭曲"中，令所有人都害怕朝鲜的核威胁，从而为自身强化在韩军事基地作开脱。但如果朝鲜危机正常化速度符合 2018 年 1 月 9 日的规定，这将意味着美国策略的失败。美韩两国的联盟义务仍然存在，但自平昌冬奥会之后，美国在意识形态和精神上的政治争论已不再像之前那样具有分量。

俄罗斯与中国形成了清晰的区域协作。过去五年，俄中两国就对朝鲜的所有制裁和决议达成一致意见，两国保持统一的方针和立场，因此，两国对朝鲜的步调也保持一致。这对俄罗斯也至关重要，因为俄中两国都与朝鲜接壤。俄中支持朝韩对话并加深对话，这与朝鲜是否进行无核化无关。

中国与东盟的合作可以看作反映中国与其南方邻国双边和多边关系的一种有趣的"横切面"。东盟传统上表现出发展的独立性和自主性，同时保持着"内部的多元化"，尊重其成员国的任何意识形态和经济选择。当前，俄罗斯已经正式形成了研究东盟及其成员国的学派。

2017 年是东盟成立 50 周年，它的成立和发展很大程度上受到中国的影响。起初是中国共产主义的威胁，而后是中国和印度的强势崛起吸引到大部分外国投资。这推动了东盟经济一体化的发展、东盟自贸区和东盟—中国自由贸易区的建立，以及许多其他自贸协定的签署。2015 年 12 月 31 日，东盟共同体宣布成立，旨在加强东盟应对新挑战时的凝聚力，最主要的是应对中国试图利用东盟的内部分歧，将其拉入对抗美国阵营的情况。

东盟多次成功"回避"（预防）与这样一个强大且具有影响力的

国家为邻带来的政治风险，同时从中国的崛起中获得可观的利益，中国已经成为东盟国家的主要贸易伙伴。目前，东盟国家的领导人均愿意回应中国在基础设施投资方面提出的有吸引力的建议，积极投入由中国所推动的"一带一路"项目。目前，只有中国有能力通过"一带一路"和亚洲基础设施投资银行项目在东盟国家的经济议程中占据优势。

良好的经济关系并没有消除中国与东盟之间的政治问题。除越南外，几乎东盟主要国家的所有领导人都拒绝接受中国的政治制度和发展模式。在经济方面，它们面向庞大的中国市场，但最近更希望美国来保障其安全、维持现有机制。

东盟与中国在中国南海的领土争端尤为紧张，中国声称拥有80%的水域面积及其下属的所有岛屿。这样就可以控制世界贸易约一半的线路，确保通往南部海岸要道的安全，以及使用丰富的海产品和油气田资源。越南、菲律宾、马来西亚、文莱、中国台湾和印度尼西亚部分地区，对中国的声明提出异议。多年来，中国南海领土争端的主要双方是中国和越南。

中国南海的冲突局势已经持续半个多世纪。这一令人不快的过程分为不同阶段，包括1974年中越两国因西沙群岛爆发的武装冲突。然而，早前该事端并未尝试通过国际法院或国际海洋法法庭进行处理。

2012年4月，中国与菲律宾在黄岩岛发生冲突。该岛屿距离菲律宾吕宋岛海岸130公里。2012年8月，在金边举行的东盟外长会议上，菲律宾呼吁谴责中国的行为，然而，担任东盟轮值主席国的柬埔寨对此表示反对。由于与中国的关系不同，东盟国家45年来首次未能通过联合公报。东盟面临分裂的威胁。

2015 年，中国南海冲突进入新阶段。中国与东南亚邻国以及美国、日本、印度和七国集团中所有的主要西方大国之间的争端均开始加剧，原因在于中国在南沙群岛上以珊瑚礁为基础建造人工岛屿，而南沙群岛是 20 世纪末中国从越南和菲律宾手中夺回的。人们担心中国会如同 2013 年在中国东海一样，宣布划设防空识别区，从根本上改变该地区的力量平衡。

中国一直坚决反对冲突国际化。东盟国家选择不卷入争端，他们再次表明，不想站在中国或美国的一方，这两种情况都可能给他们带来不良后果。

具有讽刺意味的是，2016 年夏天，第一个关系回暖的标志来自菲律宾。菲律宾刚刚在海牙常设仲裁法庭与中国的案件中获得胜诉，法院驳回中国对南海特殊"历史权利"的要求，但新一任菲律宾总统杜特尔特上台后立即改变方针。菲律宾从对中国最激烈的批评者转变为合作和双边和谈的热情支持者。

随着特朗普政府上台，美国对亚洲政策的变化导致东盟整体转向中国。2017 年 11 月在马尼拉举行的第 31 届东盟峰会上体现这一点。随着 21 世纪海上丝绸之路倡议的提出，中国开始采取应对措施，这使中国南海争端各方达成《南海行为准则》框架协议，并开始就其条款进行谈判。

现在可以确定，较其前任，中国国家主席习近平的方针更加强硬，他更少关注法律或历史专家的争论，而是重视中国南海岛屿实际的建筑设施和建设步伐。中共十九大报告中毫无意外地特别指出，

"南海岛礁建设"正在进行中，并且该内容放在报告国内经济政策成果的部分里。

美国就中国南海岛屿主权归属问题多次表示，不偏袒任何一方，但在该地区（中国南海）拥有自身国家利益，希望开发资源的所有竞争者都能遵守航行自由，根据国际法解决所有争议。然而美国直到现在仍未批准规定航行自由的 1982 年《联合国海洋法公约》。美国推动该公约主要是为美国海军和空军的行动自由，中国和其他国家对此表示极力反对，并在签署公约时提出相关附加条件。

从政治角度看，对中国而言，东盟成员国对中国在该地区的政策缺乏共识十分重要。一方面，在东盟所有大会上，中国的反对者们都在谈论中国在区域内扩张的增强，但在中美两国压力下，该地区出现某种极化。包括越南、马来西亚和文莱等国在内的反华一极正在增强，其中越南长期以来都是中国在东南亚最强有力的对手。

另一方面，存在相对亲华的集团，包括柬埔寨、泰国、老挝和缅甸，他们没有公开表示自己的立场，与中国南海争端保持距离。印度尼西亚和新加坡也未曾公开表示过对中国的敌意或忠诚。但新加坡对中国南海商业航行的稳定和自由有兴趣。从 2018 年起，新加坡担任东盟轮值主席国。而印度尼西亚近期大力强化自身在纳土纳群岛的立场。纳土纳群岛拥有大量天然气田，濒临该岛的水域也在中国划定的"九段线"范围内，中国认为与东盟最大的成员国印度尼西亚之间不存在争议。印度尼西亚近期对其专属经济区内的中国和其他外国渔船采取包括击沉在内的更为严格的措施。

资料：1947 年，在旧金山会议上讨论向战败的日本提什么要求这一问题时，蒋介石首次提出"九段线"，其中包括日本战时占领的所有中国南海岛屿。会议上，中国提出的要求未被接受，西沙群岛和南沙群岛被归还法国。2009 年，联合国要求所有国家都按照 1982 年的《联合国海洋法公约》呈报其经济区边界，中国向联合国提出"九段线"划分法，其中包含中国南海 80% 的水域和所有岛屿，但没有一个东盟国家接受"九段线"。

东盟成员国每个国家都面临不同问题。但毫无疑问，中短期内，该地区还存在隐藏的"极化"，所有对东南亚地区感兴趣的国家都需要考虑这一点。

在领土争端中，中国既通过积极的经贸政策补偿东盟整体，也通过双边渠道补偿单独的东盟国家，而这些国家在这一敏感问题上，或继续是中国的反对者，或是中国的潜在盟友。在这两种情况下，中国对两个群体在经济方面的投资和信贷投入需区别来看。中国是所有东盟国家的主要贸易伙伴。2016 年，中国与东盟十国的贸易额达 4522 亿美元。自 2010 年起，《中国—东盟自由贸易协定》生效，根据该协定，双方取消八九千种商品 65% 的关税。

除政治和经济杠杆外，中国还依靠居住在东盟国家的强大侨民（华侨）的支持。东盟国家华侨约为 2500 万人，其中 730 万人居住在印度尼西亚，570 万人（占该国人口的 10%）居住在泰国等。海外华侨利用金融杠杆在许多方面确保必要的政治决策，并且缓和居住国国民和统治精英的反华情绪。[①]

在预测中国与东盟的关系时，显然应当避免某些专家所散布的激进观点，即中国正在酝酿全面吸收和肃清东盟计划。俄罗斯科学院东方学研究所东南亚问题专家莫夏科夫教授正针对该情况展开研究。[②]

近几十年来，中国一直关切保护东盟。东盟作为一个东南亚的中小国家集团，始终支持"一个中国"的原则，这对其具有非常重要的意义。中国是首个与东盟建立战略伙伴关系的国家、东盟之外首个加入1976年《东南亚友好合作条约》的国家，也是首个与东盟建立自由贸易区的国家，该自由贸易区自2015年贸易自由化进程完成后开始运行。在所有联合文件中，中国均正式承认并支持东盟的基本原则，即东盟中心原则，东盟在解决东南亚地区问题方面的领导作用不受任何外来干涉。中国领导人认为，任何人都不应利用中国南海的领土争端，来破坏中国与东盟的双边关系。

中国积极与不同区域机构进行合作，包括亚太经济合作组织、东盟—中国（10+1）、东盟—中日韩（10+3）等，支持建立自由经济区网络。

2015年，在美国的支持下形成的跨太平洋伙伴关系协定成为当时中国经济一体化的重要挑战。同年10月，除美国以外，日本、加

[①] 详见 Афонасьева А.В. Зарубежные китайцы—бизнес в КНР: экономическая деятельность зарубежных китайцев и реэмигрантов в КНР в ходе реформ (1979–2010) . М.: ИДВ РАН, 2013.

[②] Мосяков Д.В. Политика Китая в Юго-Восточной Азии в прошлом и настоящем. М., 2012. С. 124–34, 156–159.

拿大、墨西哥、澳大利亚、新西兰、新加坡、文莱、智利、秘鲁、马来西亚和越南也加入该项协定。该协定的议题超出世界贸易组织的框架，同时也表明美国意图强行使跨太平洋地区接受美国经济标准，并在亚太地区打造美国影响区。

作为应对措施，中国积极支持印度尼西亚于 2011 年提出的区域化替代方案——"区域全面经济伙伴关系"。

> **资料**：区域全面经济伙伴关系包括 10 个东盟国家(文莱、越南、印度尼西亚、柬埔寨、老挝、马来西亚、缅甸、新加坡、泰国和菲律宾)，以及与东盟单独签订自由贸易区协定的 6 个国家（澳大利亚、中国、印度、日本、新西兰和韩国）。区域全面经济伙伴关系国家的总人口约占世界总人口的二分之一，其国内生产总值之和占全球国内生产总值的三分之一。区域全面经济伙伴关系的谈判工作计划于 2018 年完成。

2017 年，美国总统特朗普宣布退出《跨太平洋伙伴关系协定》，并决定实行经济孤立主义和保护主义政策，随后，《跨太平洋伙伴关系协定》发生了根本性变化。中国充分利用这次机会，成为中国中心的多边区域一体化领导者。与此同时，中国也在积极反对贸易保护主义。在往届亚太经合组织峰会和东盟峰会上，相较于特朗普宣布的"美国优先"这一孤立主义政策而言，中国反对保护主义的政策所获得的支持要多得多。

直至不久前，中国还认为自己并未准备好在区域和全球层面发挥领导作用。然而，2017 年 11 月 6—11 日，在越南岘港成功召开的亚太经合组织峰会，以及在马尼拉举行的第 31 届东盟峰会，都表明中国已开始坚定地站在这一位置上。中国已经成长到能毫不动摇地实行自己建立亚洲秩序的雄心壮志，这一计划中国之前已经提出过：建立一个不受美国及其军事同盟影响的"亚洲人的亚洲"。在此基础上，地区基础设施投资额达数十亿美元的宏伟工程"一带一路"也随之出现。

因此，中国正在顺利扩大自身在东南亚的影响力，并加强对中国南海地区重要战略沟通的监督。未来几年将会由两种主要趋势主导：一是中方与东盟就安全问题进行长期谈判，二是中方不断强化自身立场。中国向东盟国家提议共同走向中国—东盟开发与合作的"钻石十年"。

各方一致同意在中国与东盟国家外交和国防部门之间建立"热线"平台，并宣布加入《海上意外相遇规则》，以减少潜在事件的发生。

中国正在加强与东盟国家之间的军事合作。尽管中国与东盟国家对海上问题存在分歧，但该合作仍然得到越南的支持。此外，中国向印度尼西亚和菲律宾提供军事装备。2017 年，中国与马来西亚签订向马方供应价值 2.78 亿美元的军备合同。

俄罗斯在该地区的利益与各个合作方向有关，其与东盟之间的官方合作正在俄罗斯—东盟对话框架下得到发展。

资料：1991 年 7 月，俄罗斯与东盟之间的对话在双方部长级会议期间启动，俄罗斯代表应马来西亚政府邀请出席此次会议；1996 年 7 月，俄罗斯在印度尼西亚雅加达举行的第 29 届东盟外长会议上成为东盟的全面对话伙伴；2004 年 11 月 29 日，俄罗斯加入《东南亚友好合作条约》（1976 年），成为俄罗斯与东盟关系发展的关键一步。《东南亚友好合作条约》是关于东南亚地区各国间关系的规范和原则的政治宣言，根据该文件，各成员国有义务避免从事任何威胁其他缔约国政治和经济稳定的活动。2005 年 12 月 13 日，在马来西亚吉隆坡举行首届俄罗斯—东盟峰会。2004 年 11 月，在老挝举行的第 10 届东盟首脑会议上通过举行首届俄罗斯—东盟峰会的决定。①

对中国南海争端与中日钓鱼岛争端，俄罗斯均持中立立场，反对第三方干涉和争端的国际化。

在俄罗斯与东盟国家的双边轨道上，俄罗斯与越南的合作模式较为突出，这源于俄越两国在苏联时期打下的友谊基础。2017 年，俄罗斯与越南之间的贸易额约为 40 亿美元，碳氢化合物燃料在双方经济合作中占有很高比重，其中包括越南海洋大陆架石油的共同开采。自 2016 年自由贸易协定生效以来，欧亚经济联盟与越南之间便建立起多边合作模式。欧亚经济联盟下属欧亚经济委员会，准备同新加坡签署类似文件。

---

① Диалог «Россия-АСЕАН». Справка/РИА Новости//URL: https://ria.ru/spravka/2017111010/1508327182.html.

〰〰〰〰〰〰〰〰〰〰〰〰〰〰〰〰〰〰〰〰〰〰〰〰〰〰

　　资料：欧亚经济联盟—越南自贸协定属于 **WTO+** 类型文件，商品目录中 88% 商品的关税可据此降低或归零。然而，协定未包含最敏感的领域或对其进行非关税调节，比如进口受到卫生标准限制的越南海产品。该自贸协定的一系列章节实际上超出欧亚经济联盟的超国家职能范围，因此仅对俄罗斯和越南有效，其中包括服务贸易、投资、政府采购和生态标准方面的协议。最新拟与欧亚经济联盟签署自贸协定的国家是新加坡，协定的准备工作得到高度重视，原因在于降低商品关税的议程对新加坡的经济而言无较大现实意义。欧亚经济联盟与新加坡的自贸区将是拉近欧亚经济联盟与东盟关系非常重要的一步，因为这将证明欧亚经济委员会谈判小组不限于同政治上关联密切的越南合作。鉴于新加坡对东盟的影响，俄罗斯方面期望改善欧亚经济联盟对东盟以及整个欧亚倡议[①]的看法。

〰〰〰〰〰〰〰〰〰〰〰〰〰〰〰〰〰〰〰〰〰〰〰〰〰〰

　　尽管越南与中国的关系较为复杂，但据中国专家认为，越南取得巨大经济成就是得益于"中国特色社会主义"这一范例。中国专家还认为，中国模式正是当前越南经济体系的原型，因为两者都是在严格保留共产党执政的同时，巧妙利用自由市场机制而建立的。[②]

---

① Цветов А.П. Вместо поворота: АСЕАН и евразийский проект России. 17 октября 2017 г.// URL: http://carnegie.ru/2017/10/17/ru-pub-73368.

② Формально в КНР разрешена деятельность и других（кроме КПК）партий, однако де-факто в Китае действует однопартийная система власти.

同时，越南国内对中国的改革经验看法不一。大多数越南专家认为，中国的改革实践无法在他国复制。俄罗斯科学院远东研究所越南问题研究知名学者马济林教授对此正确地写道：有必要"说明相较于俄罗斯、中东欧甚至是中国，越南的市场转型模式具有更为明显的社会制度特征"。他强调："越南领导人未使用经济'改良'方案或自由派的发展方法，这些方法在越南本土条件下是无法实现的，而在某些情况下则是难以实现或不适用的。因此，越南采取另一种现代化战略，该战略此前已在东亚地区成功应用。"[①]

因此，中越关系包含着丰富的政治意识形态、历史和经济含义与现象。在这种双边模式中，不存在完全的和谐与信任，但存在共同的经济利益。这种不对称性中潜藏着两国合作的当前和未来特征。

七、结论与建议

同为欧亚大国，中国和俄罗斯在欧亚地区一体化、基础设施建设和贸易合作进程中是天然盟友。中国"一带一路"倡议的落实和俄罗斯"转向东方"政策正在加强两国地缘经济利益的契合度。俄中双边关系及其战略稳定水平一定程度上影响到欧亚经济联盟与"一带一路"倡议的成功对接，以及构建大欧亚伙伴关系的未来前景。

从地理上看，美国不是欧亚大陆的组成部分，但鉴于地缘政治和

---

① Мазырин В.М. Вьетнамская экономика сегодня. Итоги 25 лет рыночной трансформации（1986–2010）. М.: ИД «ФОРУМ», 2010. С. 307.

投资方面的利益，美国一直企图获得深入大陆局部地区的渠道，其方式是提供金融、经济资源或安全保障资源（阿富汗）。就近年的情况来看，这些资源的性质和政治导向，与中国和俄罗斯的利益相抵触，导致美国势力所在的地区不稳定、冲突加剧。特朗普时期加强贸易保护主义和实施美国优先的政策，在一定程度上缓解了这种趋势，但没有完全消除美国在欧亚地区与俄中进行竞争的可能性。

对俄罗斯而言，欧亚地区的首要平台是欧亚经济联盟。中国和俄罗斯完全支持欧亚经济联盟的主张，在该组织框架下正在开展两方面合作。第一，双方正在就非最惠国经贸协议进行磋商，包括协调关税政策、发展电商、保护知识产权等。第二，欧亚经济联盟对接中国"一带一路"倡议，包括组建基础设施投资银行，与越南签订建立自由贸易区协议，与印度、新加坡、韩国、蒙古和柬埔寨就自由贸易区问题展开谈判。

构建将欧亚地区的关键次区域连接为一个整体的交通网，是欧亚多边合作倡议的推动力。作为一个位于欧亚交通主要干线的国家，俄罗斯拥有广阔的物流、过境运输和其他基础设施发展潜力。欧亚交通网络的构建有利于发挥这些潜能。

西伯利亚大铁路能够对欧亚空间交通一体化发挥重要作用。俄罗斯境内的高速铁路建造项目潜力十分巨大：现在准备建造"莫斯科—喀山"高铁线，未来可延伸该线路经哈萨克斯坦至中国西北。该项目有助于为俄罗斯、中亚国家、中国和欧洲之间的互联互通提供新的交通支点。

俄罗斯应该对中国使用集装箱向欧洲运输货物的情况进行仔细观

察：由欧洲向中国的返程班列满载率较低。俄罗斯可以利用现有运力快速而经济地出口中国需求的俄罗斯产品，为此必须建立现代交通物流网。

加强欧亚中央地区的安全和经济合作，是上海合作组织的关键任务，2017 年上海合作组织由"六个"正式成员国扩员成为"八国"机制。印度和巴基斯坦的加入，标志着该组织发展水平的质的提升，由地区组织升级为全球性组织。俄中"轴心"在上海合作组织扩员前后，都非官方地平息组织内成员国之间的隐性摩擦。俄中与印度、巴基斯坦、中亚国家在经贸合作领域准备提出全新的高科技、投资、金融、交通和其他领域的合作计划。

上海合作组织开发银行（以下简称"上合开发银行"）缺位问题是该组织活动的薄弱环节，各国专家曾长期讨论开发银行的结构与形式。上合开发银行由中国在注资和管理机构占据主导地位无可厚非，但需要同意以最优惠的条件投资最重要项目的原则。因而，各国专家应该集中精力制定内容包括税收优惠与合作方案的规范文件，关注贷款接受国的利益，这将有利于关照俄罗斯和其他国家在上合开发银行的地位。

为商定创建上合开发银行的先决"原则"，需要准备以下六个步骤作为启动阶段：

1. 制定成员国普遍适用的基础经济文件。

2. 采取系统性思路，包括协调国家立法、建立实际方案操作所必需的系统性结构。

3. 提升非政府部门的作用，通常这些机构更积极推动经济合作。

必须创造有利于私营企业参加上海合作组织金融与经济活动的环境。

4.经济决策需要有根据，应建立在研究上海合作组织框架内所有可能的合作领域基础上。明确拥有经济互补潜能的关键合作领域。

5.赋予上海合作组织银行间联合体权限，以更灵活的条件投资项目，这些条件应该符合当前的经济形势。

6.提升上海合作组织银行间联合体在上海合作组织秘书处的地位和作用，使之获得接受金融领域内推荐的联合权力，其推荐的金融合作项目之后可在元首会议和政府首脑会议上讨论和决策。

关于上海合作组织的安全领域，考虑到由中东地区输出的新一轮国际恐怖主义和极端主义（伊斯兰国和其他组织），必须加强成员国强力部门合作，并且利用全体成员的资源设立新的力量。这就要求专家深入研究，同时创建本组织额外的安全机构，包括建立和增加集体快速反应部队、与集体安全条约组织开展系统合作，更加深入协调八国特殊部门的合作。

中国将周边国家视为外交政策的重要内容，而与邻国的关系折射出中国的传统观念。这里有四组关键概念："近—亲""诚—信""慈—善""宽—容"。对较远的国家，中国则使用另一种修辞上的"实用主义""诚—信"。中国通过含蓄的传统概念非正式地界定本国对不同国家的立场。

中国在拉丁美洲实行维持"美国—拉美—中国三边平衡"的策略，目前不谋求完全的领导地位。考虑到自身在拉丁美洲经济存在较弱，俄罗斯客观上没有进入这一非正式的三边关系。

中国在非洲持有另一种目标，即中国不仅将"黑色大陆"看作原料来源地，也作为地缘政治竞争的空间地带。中国正将英国排挤出非洲。南非传统上是英国的影响区域。中国让南非盟友相信，其经济行为与欧洲国家不同，对南非有利。南非加入金砖国家机制，不仅加强了中国与南非的联系，而且客观上推动南非成为地缘政治大国。

总的来看，中国对拉丁美洲和非洲的政策，要求所有活动以"责任"和"收益"相互平衡为基础，这一点是中国领导人坚持的重要原则。中国认为本国有责任帮助贫穷国家。因此，中国的收益原则是相互得益。儒家思想的"责任"观与西方国家的"强权"观完全不同。中国领导人认为，西方的政治文化与生俱来便是冲突性的，西方总是企图弥合不同文明的差异，驱使不同文明遵从西方标准。中华（儒家）文化则相反，将维护不同文明差异、和谐共存放在首位。这一观点是中国提出构建"人类命运共同体"的理论基础，包括发展与大国、发展中国家、邻国的关系。

俄罗斯以关键的反恐大国身份"重返"中东，与土耳其、伊朗、沙特阿拉伯及其他有影响力的国家，建立起新的联盟和战术同盟。与上述变化相关的叙利亚和中东地区国家局势，影响着中国的中东政策变迁。考虑到俄罗斯在中东地区取得的实际成果，以及中国特殊部门积极加入俄罗斯军队在叙利亚消灭伊斯兰国和其他恐怖主义组织力量的行动，俄中合作有了质的提升，包括外交、经济和军事方面。

中国与印度和巴基斯坦的关系中既有积极因素，也有消极因素。俄印中三边合作的首要目标是，提升国家间投资水平，维护地区和全世界的安全。俄印中三边合作与三国进入全球治理体系相关。俄印中支持加强发展中国家在世界经济治理中的作用，以及加快实现国际货币基金组织改革。

对俄罗斯和中国而言，东亚地区，一方面存在尚未充分利用的与第三国和多边组织（东盟、亚太经合组织等）开展经济、能源和一体化合作的前景；另一方面，也伴随着挑战与威胁（朝鲜半岛、南海等）不断增长，是最危险地区之一。

俄中在朝鲜问题正常化上的合作也至关重要，一方面，俄罗斯和中国参与联合国安理会关于朝鲜问题的工作；另一方面，俄中压制和预防美国在国际法以外针对朝鲜采取极端行动，防止朝鲜半岛的紧张状态进一步升级。

尽管中国和越南在南海存在激烈的岛屿争议，不过不能唱衰中越关系。2017 年 11 月中越达成双边合作协议，包括 2018 年通过"南海各方行为准则"。

俄罗斯应该尽可能地支持中国和越南的合作，实施在南海争议地区的合作项目，与双方协商俄罗斯参与南海事务的可能性。在发展与中国和越南的全方位关系的同时，俄罗斯应该尽可能地扩大与整个东盟以及东盟成员国之间的合作。

美国在地区层面采取构建包括美国、日本、印度和澳大利亚在内的反华联盟，客观上使得越南与中国、俄罗斯的关系处于不利局面。越南不想成为美国地缘政治游戏的棋子。越南没有接受美国调停中越争议的提议，反而展示出与中国发展关系、不愿意与中国发生地区冲突的立场。

为巩固本国地位，维护地区整体稳定，俄罗斯应该支持越南不参

与军事联盟、不允许外国建立军事基地、不加入任何军事同盟的积极
政策。在此情况下，通过越南强化俄罗斯在东盟和东亚峰会的活动十
分重要。

结　语

　　构建新世界是一种多元、多变的长期进程。目前，俄中不仅是这一转型进程的客体，同时也是影响重组当代国际关系体系一些要素进程的活跃主体。两国都为改革和稳定国际体系作出自己的贡献，包括打击世界和跨境恐怖主义、改革全球治理机制、组建新的国际组织等。

　　2018 年，俄罗斯与西方（首先是指美国和英国）的裂痕不仅没有消失，还进一步扩大，同时出现了新的对抗。美国总统特朗普在发表的一系列对内和对外讲演中，事实上向俄中两国发起公开挑战，并公然将两国称为美国国家利益、经济和价值观的威胁。在获得升级洲际导弹、远程轰炸机和核潜艇三位一体核力量的额外拨款之后，五角大楼发言人表示，不排除进行先发制人的核打击。

　　从当前转型进程中可以观察到早期美苏"传统式"对抗中并没有出现过的一系列比较新的特征和现象。

　　第一，当下对抗的基础源于美国的地缘政治野心，及其希望通过经济或军事政治手段，将以俄中为首的主要对手排除在世界舞台之外，并恢复类似于 20 世纪 90 年代的全球霸权（包括经济、军事、政治、意识形态、价值观等领域）。核武器逐渐失去威慑功能，越来越被看成摧毁对手的工具。

中国已经疏远有关世界观话题的讨论，也不再像 20 世纪下半叶那样，从社会主义意识形态的角度批判资本主义。中国试图将中美对话引入另一轨道：共同讨论当前世界发展新趋势、提升互信水平、践行真正平等原则。但是，鉴于美国的传统思维，其发展速度逐渐落后于中国的快速发展，以及试图恢复全球领导国地位等因素，美国暂时不会满足中国的这些要求。

尽管特朗普发表一系列有关保护主义和孤立主义的声明，未来国际关系进一步转型的特征，很有可能向对立和冲突范畴演进。遗憾的是，这一对抗的内涵在一定程度上会让人想起 1962 年加勒比海危机爆发期间的博弈，当时世界战战兢兢地忍受长达 12 天的煎熬。除非能确立当前局势的发展常量，否则任何人都不能准确地确定出局势变化的时间表。

第二，当下转型的特点是特朗普改变布什和奥巴马时期对俄中两国的"软压力"工具，转变为采取更加强硬、更具进攻性的现实政策，且超越当前的国际法约束。众所周知，这一变化与美国总统和政治精英之间的相互关系，以及特朗普本人的个性有关。

在中国国家主席习近平一系列正式发言中，底线话题被越来越多的提及，即如果局势进一步恶化，那么中国不会对超越底线的问题作任何让步。中国领导人表示，不允许为了让步而牺牲"正当权益"和

"核心利益"，并强调"任何外国不要指望我们会拿自己的核心利益做交易"。

中国领导人决定将外交政策转向承担全球责任，并制定本国的全球议程，这是一种全新现象。众所周知，对中国而言，20 世纪 90 年代的主要趋势是对抗西方压力或影响力，同时巧妙利用西方全球化的经济成绩来推动本国经济快速发展，并实现一些领域的自由化。在西方开始施压之际，借助高涨的爱国主义热情和民众团结，中国社会被动员起来推动国内改革，并取得成功。与此同时，中国外交议程主要建立在坚决"反对"美国或欧盟任何对中国体系进行政治自由化（颜色革命）的企图，以及反对美国要求与中国分担全球责任和治理世界（2009 年提出的"G2"）构想的基础之上。美国和欧盟的盘算十分清楚，即在中国改革取得成功之际，应该说服中国承担更多国际责任，以此拖慢中国经济增长。当时中国领导人就委婉拒绝美国的建议，但显然让时任美国总统奥巴马感到难堪。

以习近平为核心的"第五代"领导人执政后，特别是在提出"中华民族伟大复兴"口号背景之下，中国完全改变了对本国全球责任及其在全球治理体系中地位的看法。中国领导人十分清晰地提出了转向积极战略思想和行动的理念，即将中国定位为维护和平与发展的负责任大国，以及推行本国"全球治理"方案的大国。

中国的全球治理方案与政治干涉无关，而是聚焦经济问题、提升中国在全球金融机构中的地位，以及在制定这样或那样的全球发展议程时，维护本国和发展中国家的利益。在 2016 年杭州举办的"二十国集团"峰会上，中国领导人呼吁构建开放型世界经济、进一步推动贸易与投资领域的自由化，并在 2017 年的达沃斯经济论坛上再次发出类似呼吁。中国领导人谈到加强中国在全球治理中的地位，有必要推动构建新的规范，拓展全球治理空间，包括海洋、极地、网络、外太空、核安全、反腐和气候变化等。很显然，中国的全球治理观已超越纯粹的经济议题范畴，包括落实中美分担全球治理责任的尝试。

中国领导人正重新审视被其否决过的中美共治世界的构想，同时制定将美国纳入本国分担全球责任的方案，其形式就是两国都接受中国高层提出的"新型大国（中美）关系"原则。

这些原则的本质是消除对抗和冲突、相互尊重、寻求互利的解决方案。中国正是在 2017 年 3 月 18 日美国国务卿蒂勒森首次访华的一次正式会谈上，向其提出新型大国关系原则。随后，美国国务卿逐字逐句地重复出中国提出的"新型大国关系"的四项原则。蒂勒森之所以这么做，要么是没有察觉出中国的外交谋略，要么是在中国就朝鲜问题做出让步后，暗示两国关系进一步走近的可能性。但是，正式重复中方立场，并不意味着美国愿意接受中国提出的新型大国关系的内涵。①

第三，世界变革和转型的艰难进程，客观上影响着 20 世纪 90 年代构建起来的俄中战略协作伙伴关系的演进。双方保留伙伴关系的外在形式的同时，实质性的改变或补充进新的内涵，这是俄中关系非常重要的方面。

俄中伙伴关系的内在变化，与两国国家发展和安全战略的协调相

---

① Ломанов А.В. Новые концепции китайской внешней политики. С. 11.

关，包括双边和多边（金砖国家机制、上海合作组织）议程。显然，在俄中经济实力对比严重失衡的情况下，这种协调不可能是两国潜力的机械相加，而更应该是构建起两国综合性潜力互相补充的机制，其俄中罗斯在军事和战略层面具有优势，中国则在经济和技术方面具有优势。两国领导人及其在国内外的巨大政治资源和影响力，在这种互补架构中扮演重要角色。两国政府间（双边层面）委员会和专业组织的紧密联合，在制度上也有利于两国改革模式的调节，尤其是在经济领域。

俄中建立起来的合作模式未必完全理想，且在地方、金融、技术合作领域也存在一些"不一致"和矛盾，这是一种客观现象，特别是两个制度相异的大国紧密互动时，双方关系将不可避免地出现一些问题。与此同时，两国之间高水平互相、愿意互相或长期保持战略合作，将会消除或解决一些矛盾。大家知道，2001 年 7 月 16 日签署的《俄中睦邻友好合作条约》，为俄中伙伴关系奠定基础，有助于两国从政治上构建起利益长期均衡、相互现代化、发展和安全的合作局面。条约保留各方处理与第三方国家关系的自由，虽非结盟，但就合作的紧密度和效益而言，在很多方面实际上已经超过同盟关系，成为遏制潜在敌人的独立的地缘政治力量。

俄中有意识地扩大两国伙伴关系的功能范围，包括引入和推动落实全球和区域事务议程（扩大联合国安理会的合作，在叙利亚、朝鲜、伊朗和其他问题上协调政策），已经构成影响当前现实的一个重要因素。当下可以说，俄中伙伴关系上升到新的水平，致力于构建长期"战略稳定"。不排除两国会将当前国际现实和挑战，以及两国（事

实上）取得的成果，（以法律形式）写入两国可能再次签署的新条约
里面。

对俄中而言，最近五年将是两国历史上面临最严峻挑战的时期。
在出现威胁两国国家安全的不可抗力情况下，理论上不排除俄中建立
某种军事政治同盟的可能性，不过目前没有必要公开谈论这一问题。

俄中关系发展的结果之一就是制定广泛的"欧亚发展议程"，其
中既包含俄中关系维度，也包括欧亚经济联盟和中国"一带一路"倡
议对接框架下的多边形式。与此同时，中国对欧亚地区的态度也发生
了一些变化。2014 年年初，中国将"一带一路"倡议视为向感兴趣
的欧亚国家，提出构建交通走廊、共同经济发展空间、基础设施联通
贸易、积极发展金融联系等一揽子建议，但并不包括欧亚经济联盟
（当时的关税同盟）和上海合作组织。也许中国提出的是一项"平行"
发展计划。

得益于双边和多边层面的一系列交流，俄中关系发展取得重要的
政治成果。2015 年 5 月 8 日，中方在莫斯科表示，支持俄方在欧亚
经济联盟框架下推动一体化的努力，并启动与俄罗斯签署有关经贸合
作协议的谈判，即两国在欧亚经济联盟和"一带一路"框架下的对接
合作协议。①

在 2017 年 5 月 15 日北京举办的"一带一路"国际合作高峰论坛
上，中国的路径继续演进：在整体安全观和协商解决"热点问题"的

---

① Совместное заявление Российской Федерации и Китайской Народной Республики о
сотрудничестве по сопряжению строительства Евразийского экономического союза и
Экономического пояса Шелкового пути. 8 мая 2015 г. http://kremlin.ru-supplement/4971.

口号下，提出共同参与"一带一路"倡议的全球构想。习近平强调在打造开放、经济增长与创新驱动的情况下，所有参与国都能获得"共赢"机遇。中国进一步扩大建议范围，除基础设施和投资外，还包含数字经济发展、人工智能、纳米技术、量子计算机技术等领域合作。中方提出以不同形式打造自由贸易区的建议也被各方积极讨论。

中国在欧亚地区事务上持实用主义和功能主义态度，即通过经济技术创新和基础设施建议，在欧亚地区强化中国版的亚洲一体化。与此同时，"一带一路"倡议的逻辑，与第二次世界大战后欧洲诞生的"煤钢联合体"存在不同，众所周知，后者是欧洲政治经济一体化的基础，并成为欧盟的雏形。中国的倡议基于维护和强调所有参与国主权，关照大国和小国的国家利益，维护文明多样性和不同的价值观。

俄罗斯在推动"对接"进程中也提出本国的欧亚发展方案，即构建大欧亚伙伴关系，中国对此完全同意。欧亚地区的发展倡议还包括哈萨克斯坦提出的"光明之路"和"俄蒙中"三方经济走廊建设计划。显然，共同开发欧亚空间是一个充满矛盾的长期过程，也是拓展俄中"战略稳定"外延的持久进程，包括融入交通、经济、人文和安全等领域的广阔合作，还包括共同打击欧亚大陆的国际极端主义和恐怖主义。

在拓展从欧洲到东南亚的伙伴关系过程中，欧亚经济联盟的构建也不断发力。2016 年，欧亚经济联盟成员国从亚太地区的进口额，有史以来首次超过从欧盟的进口额。同一年，欧亚经济联盟与越南之间的自由贸易区协议生效，并以备忘录的形式，与蒙古、柬埔寨、新加坡启动合作。对俄罗斯而言，构建大欧亚伙伴关系的倡议是一种转向赶超型发展战略的手段，旨在通过其加快打造新一轮的技术生产和构建新型世界经济结构制度。在这样的情况下，俄罗斯和欧亚经济联盟能够以平等的身份，参与世界经济体系新中心的构建。

构建大欧亚伙伴关系，不仅要推进"一带一路"倡议，而且还要给 2017 年阿斯塔纳峰会完成正式扩员后的上海合作组织，增添经济和基础设施领域的发展议程。

对俄罗斯而言，设立上海合作组织发展银行将给其带来潜在利好，因为这个银行可以成为优先支持基础设施项目的金融机构，未来也可以为上海合作组织框架内的基础设施项目提供大量资金支持。中国在该组织拥有最多的金融资源，与此同时，中国也准备向成员国提供贷款，并逐渐减少美元在相互结算中的比例、提升本国在本组织内的威望。随着印度成为正式成员国，中国的金融优势地位可能有所削弱，因为印度在筹建的上海合作组织发展银行的注资比例将与俄中持平，自然会排除一家独大的局面。

能源依然是俄中双边经济合作的关键领域。2017 年，俄罗斯是中国第一大石油进口来源国。未来几年，中国进口俄罗斯石油的数量将继续增加，这要求进一步提高交通基础设施水平。2017 年 11 月，中国石油天然气股份有限公司完成从俄罗斯通往大庆的第二条石油管道支线的铺设工作，这条新管道线有助于俄罗斯扩大一倍的石油出口量，达到每年 3000 万吨。为保持出口中国石油的规模，俄罗斯联邦反垄断局将经哈萨克斯坦向中国出口石油的税率调低为 16.7%。

农业产品和农工联合体生产商品的供应是 2018 年俄中合作的重

要方向。中国撤销此前进口俄罗斯肉类和粮食的主要限制。俄罗斯企业也将面临激烈的市场竞争，因为巴西、加拿大和美国的肉食品公司之前已经在中国取得成功。中国也在增加本国企业在该领域的生产。

传统上，投资合作主要集中在原料产业领域。随着俄罗斯遭受西方制裁，中国的银行并不完全保证能为俄罗斯提供支付服务。2017年9月，俄罗斯央行与中国人民银行签署关于两国银行机构开展常规业务的协议，旨在减少人为制造的障碍，以及提高2018年度两国银行间的合作水平。

2017年，中国企业成为俄罗斯各大超前发展区的最大外国投资商。中国投资出现在俄罗斯设立的"坎加拉瑟""哈巴罗夫斯克""阿穆尔河沿岸""纳杰日金斯克""阿穆尔—兴安斯克"等多个超前发展区。俄中在远东地区还启动一系列新的大型合作项目，包括与中国汽车制造商"一汽"在滨海边疆区联合生产和销售载重汽车、在犹太自治区"阿穆尔—兴安斯克"超前发展区建立的板材厂也投入生产。

总之，俄中两国均是联合国安理会常任理事国，拥有参与全球治理和解决复杂政治外交问题的丰富经验，已然成为参与当代国际发展进程的重要因素。两国日益积极地参与国际关系问题的全球协调，同时发挥着制止当前世界不断增长的混乱和不确定性的稳定器作用。

责任编辑：曹　春　刘可扬
封面设计：汪　莹
版权统筹：陈冰洁

图书在版编目（CIP）数据

俄罗斯与中国：共建新世界／（俄罗斯）卢贾宁 著；万青松，崔珩 译 . —北京：
人民出版社，2019.8

ISBN 978－7－01－020771－1

I.①俄…　II.①卢…②万…③崔…　III.①中俄关系－研究　IV.① D822.351.2

中国版本图书馆 CIP 数据核字（2019）第 082381 号

俄罗斯与中国：共建新世界

ELUOSI YU ZHONGGUO GONGJIAN XINSHIJIE

[俄罗斯] 谢尔盖·根纳季耶维奇·卢贾宁　著

万青松　崔珩　译

人民出版社 出版发行

（100706　北京市东城区隆福寺街 99 号）

中煤（北京）印务有限公司印刷　新华书店经销

2019 年 8 月第 1 版　2019 年 8 月北京第 1 次印刷
开本：710 毫米 ×1000 毫米 1/16　印张：15.25
字数：176 千字

ISBN 978－7－01－020771－1　定价：59.00 元

邮购地址 100706　北京市东城区隆福寺街 99 号
人民东方图书销售中心　电话（010）65250042　65289539